JN087166

研究開発中心型強小企業のイノベーションプロセス

日韓4社の比較事例分析 　金 泰旭 [著]

中央経済社

はじめに

　本書は，日本と韓国の中心産業の1つであるIT，バイオ，自動車，ベアリング分野の関連企業の研究である。韓国の企業の中には大学発ベンチャーなどハイテックスタートアップスからスタートし，現在はKOS-DAQや東証一部に上場され，世界的な企業にまで成長している企業が存在する。韓国における1990年代後半から2000年代初頭まで続いたベンチャーブーム。多くの企業はIT産業に集中していたが，現在まで生き残り，成長を続けている企業は少ない。当時，韓国は国家主導型でベンチャー企業を育成しようとして様々な支援策を打ち出した。多くの大学発ベンチャーや研究機関発ベンチャー企業が誕生したのもこの時期である。

　本書で取り扱う韓国企業の事例では大学発ベンチャー企業を研究者自身（大学教授）がどのような経緯で起業し，様々な苦境を乗り越えていたのか，その時代背景とともに描写する。周知のごとく，経営資源が乏しいベンチャー企業は，内在的な資源が間に合わなければ外部から経営資源を調達しなければならない。大きな制度変化のなかで自らその環境変化に適応するだけではなく，自らを取り巻く環境に変化を与えるまで成長するにはどのようなマネジメントが必要だったのか。また，本書で登場するもう1つの事例で，ある大企業の研究員から身を起こした経営者が韓国のバイオ産業という未成熟市場で孤軍奮闘して成功する姿は技術先導型企業が生き残るための大きなヒントを与えるに違いない。

　一方，世界の自動車産業にも大きな再編の波が押し寄せている。世界の自動車産業の発展史を振り返って見ると，自動車産業を取り巻く競争環境は，年々その厳しさを増している。

　世界自動車産業の発展を辿ってみると，その中心が米国や欧州から日本，

また日本から韓国，韓国から中国やインドへと推移してきた。自動車産業はその特性上，国の経済や産業全般に及ばす影響力が他産業に比べて大きい。つまり，前方連関効果，後方連関効果が大きい産業である。自動車の規格競争はガソリンエンジンやディーゼルエンジンからハイブリッド車へ，現在はEV（Electric Vehicle）つまり電気自動車にまで進化してきた。

　このような大きな構造変化の原因は何だろうか。様々な要因が考えられるが，最も大きいのはエネルギー資源の限界，環境保全問題である。もちろん，シェールガス革命などにより今後50年で化石燃料がなくなることはないとされるが，人類は次から次へと新しい製品開発を進めてきた結果，現在の電気自動車の商用化が実現した。その背景にはリチウムイオンバッテリーなどの電池技術や半導体などの電子部品の発達，コンピューターの処理能力の向上と小型化等がある。本書で登場する日本の企業は京都にその本拠を置く自動車産業関連会社である。京都の学生ベンチャー企業としてスタートし，自動車排気ガス測定装置をはじめ，現在は半導体や医療関連測定の機器までその分野を拡大して成長発展している。

　最後に登場する日本の会社は，大阪や奈良地域に産業の基盤を置く自転車部品産業からスタートし，その中核技術を自動車部品関係にまで発展させた企業である。奈良の自転車用鋼球生産中小企業が幾度にもわたるM&Aを通じてその企業規模を全世界的に拡大してきた事例を紹介する。

　他方，従来の経済学や経営学における中小企業やベンチャー企業に関する研究の多くは，その発展史および各国の中小・ベンチャー産業の支援策，その競争優位の形成過程などに議論の焦点が当てられていた。すなわち，このような産業組織論的（制度的アプローチ）な分析が中小・ベンチャー企業における研究の中心であったか，もしくは各国の個別中小企業を対象としたマネジメントの研究は存在するものの，その統合的分析アプローチにはまだ至っていなかった。さらにはその統合的分析手法を用いて国際比

較研究まで拡張しようとしている努力はあまりみられなかった。

　近年，多くの専門調査機関は，世界自動車産業において21世紀に生き残る企業は現存する企業のごく少数に過ぎないと予想している。当然のことながら自動車の標準規格が変化するとその部品や関連産業の構造も大きな変化を迎える。近年，世界の自動車業界における吸収合併やジョイント・カンパニーの設立，次世代自動車開発に関する主導権争いを観察すると，従来の制度的なアプローチを乗り越え，個別企業のマネジメントの特徴を説明していくと同時に統合的な分析を行う必要がある。加えて制度についても，国の産業政策が産業全般にわたって甚大な影響を及ぼすことを考慮すると，部品産業，自動車産業やITもしくはバイオ産業に関する研究にとって大変重要性が高いといえよう。

　以上を踏まえて本書では，まず，日韓の中小企業の中でも研究開発型企業における成長発展プロセスを４社の事例研究を通じて明らかにする。第二に，創業から厳しい競争環境を乗り越え，各社がどのようなマネジメントで経営危機に対応し，持続的競争優位を保ってきたのかを分析する。最後に当該産業を取り巻く（制度を含む）経営環境とマネジメントとの相互作用はいかなるものであるかを解明する。

本書の目的と意義

　本書の目的は，日本と韓国の研究開発型企業発展のプロセスについて，制度的アプローチとRBV（Resource Based View）アプローチの２つのアプローチに分類，各先行研究の意義と限界を検討したうえで，統合的分析枠組みを提示することにより，「日韓研究開発型企業のマネジメント変遷の比較考察」を行うことである。

　上述した目的から本書では，まず制度論とRBVに関する先行研究の検討を通して，その業績と限界を議論する。本書では，従来の経営学の諸理

論に立脚しつつも，学際的に政治学，経済学などの他分野の理論と多くの接点を持たせて研究開発型企業発展分析に適した統合的分析枠組みの開発を行っているが，おそらく本書で提示する分析枠組みは単なる研究開発型企業発展のマネジメントの分析にとどまらず，それ以外の分野における企業マネジメントの分析への応用も十分にあり得るのではないかと思われる。

　上述した枠組みに依拠しながら，研究開発型企業発展においてその持続的競争優位の源泉とはいかなるものであるかを考察する。すなわち，急変する研究開発型企業発展におけるマネジメントの違いはなぜ発生したのか。さらに，同じ経営環境に置かれていたにもかかわらず，両国において成功を収めた企業とその姿を消してしまった企業とがなぜ存在するのか。とりわけ，本書では，日韓研究開発型企業のマネジメントの相違点と共通点を4社の比較事例研究を通じて明らかにする。

本書の構成と内容

　本書の構成は以下の通りである。

　まず，第1章では，制度論やRBVに関する考察を行ったうえで，その現状と課題を明らかにする。特に，RBVに関するレビューでは，技術革新（Technology Innovation）と関連付けて具体的に論じることによって，技術革新と企業のマネジメントとの関係を明らかにする。

　第2章では，第1章における先行研究のレビューを踏まえて，日韓研究開発型企業マネジメント分析の有効な手段として制度的アプローチとRBVアプローチの統合可能性を検討したうえで，研究開発型企業マネジメントを分析するための新しい分析枠組みを提示するとともに，分析枠組みを構成する，①経営環境，②企業マネジメント（経営戦略，経営組織），③成果について検討する。さらに，研究方法論に関しての若干のレビューを行うことで，本書の研究方法の妥当性について検討する。

　第3章では，事例研究の対象であるマークエニー，セルバイオテック，堀場製作所，ツバキ・ナカシマの事例を詳細に紹介したうえで，研究開発型企業の参入初期段階から今日に至るまでの4社のマネジメントについて分析枠組みに沿って事例研究を行う。

　第4章では，4つの事例分析を通じて得られた分析のまとめをもとに比較事例分析とディスカッションを行うことで，本書の分析枠組みを念頭に置きながら，研究目的に即した議論を展開する。

　第5章では，事例分析を通じて導出した結論とそのインプリケーションおよび研究課題を述べ，本書の結びとする。

謝　辞

　本書をこのような形でまとめることができたのは，多くの方のご教示，ご指導のお陰である。大学院生時代からご指導をいただいている金井一頼先生（現青森大学学長）に何よりお礼を申し上げたい。思い返せば学部の交換学生時代から北海道大学経済学研究科の博士課程までの長きにわたり，経営学の基礎から研究者としての厳格な姿勢まで懇切丁寧に教えていただいた。未熟ではあるが，本書を書き上げることができたのは先生のお陰である。

　大学院時代の副指導教官でいらっしゃる北海道大学の岩田智先生からは博士課程の時代から研究の方向性はもちろん，研究者と教員として大学に適応していくための指導に至るまで細心のご配慮を賜った。科研の共同研究者としてグローバルな視点からイノベーションの研究を推進することができたのも先生のお陰である。

　大学院時代からお世話になっている龍谷大学の秋庭太先生とベンチャー学会でお世話になっている大阪経済大学の江島由裕先生は，ベンチャー企業論のスタートアップスの研究や地域活性化の研究など様々な分野におい

て共同研究をご一緒させていただいた。研究対象に対する徹底的な事前調査と先行研究のレビューの重要性とともに，論文における"What's New?"とは何かについては金井先生をはじめ大学院時代の同僚や先輩から学んだところが大きい。

大阪市立大学新藤晴臣先生は社会人大学院生同士で通ずるところが多く，実務経験から様々なインサイトをいただき，共同研究をはじめ公私にわたりお世話になった。お互いに多忙な教員生活を送っているために近いところにいながらもあまり会えないが，いつかまた共同研究のチャンスがあれば取り組んでいきたいと思っている。

小樽商科大学の内田純一先生は大学院時代からお世話になりお互いに教員になってからは共同研究という形で地域企業や地場産業，中小企業研究，国際比較研究などをお供させていただいた。一緒に書かせていただいた研究書や論文は多く，いまだ参考にしている。ここに記して感謝申し上げたい。

また，本書の執筆にあたり韓国と日本の各社の関係者の皆様にはインタビューや参考資料の提供に至るまで様々なご支援をいただいた。二次データで書く，事例記述の限界を乗り越えることができたのはひとえに企業の関係者の皆様のお陰である。ここに記して感謝申し上げたい。近畿大学博士後期課程の韓尚眞君は本書の企画段階から資料の収集から校正など執筆作業全般を支えてくれた。感謝申し上げたい。

中央経済社の浜田匡氏には厳しい出版状況のなか本書の意義を評価していただき，企画から脱稿までの長い道のりを辛抱強く支援していただいた。感謝申し上げたい。

最後に私事で大変恐縮だが，私の留学生活から教員になった現在に至るまで支えてくれた家族に感謝したい。

2020年　晩秋の神戸で

金　泰旭

目　　次

はじめに

第1章■制度的アプローチおよびRBVアプローチとは：
　　　先行研究のレビュー ……………………………………… *1*

　　1　制度論とRBVの現状と課題……*2*

　　2　企業マネジメントと制度論……*4*

　　3　RBV（Resource Based View）の現状と課題……*8*

　　4　比較制度分析的接近……*24*

　　5　制度論アプローチとRBVアプローチ……*28*

第2章■RBVと制度論の統合と事例分析の妥当性…………*35*

　　1　統合的分析枠組みの提示……*36*

　　2　研究の方法と対象：経営学における比較事例研究
　　　（Comparative case studies）の意味……*43*

　　3　研究の対象……*48*

第3章■日韓研究開発型企業の発展と事例………………*53*

　　1　事例分析1（IT）：株式会社MarkAny……*54*

　　⑴　IT産業の紹介　*54*

　　⑵　MarkAnyの事例紹介　*55*

　　⑶　生成期（1999年〜2004年）　*58*

⑷　形成期（2005年〜2008年）　*65*

⑸　第一成長期（2009年〜2012年）　*69*

⑹　第二成長期（2013年〜現在）　*75*

2　事例分析 2 （バイオ）：Cell Biotech社 ……*82*

⑴　バイオ産業の紹介　*82*

⑵　Cell Biotech社の事例紹介　*84*

⑶　生成期（1995年〜2002年）　*87*

⑷　形成期（2003年〜2009年）　*92*

⑸　第一成長期（2010年〜2016年）　*98*

⑹　第二成長期（2017年〜現在）　*105*

3　事例分析 3 （ベアリング）：株式会社ツバキ・ナカシマ ……*112*

⑴　ベアリング産業の紹介　*112*

⑵　株式会社ツバキ・ナカシマの事例紹介　*114*

⑶　生成期（1934年〜1959年）　*117*

⑷　形成期（1960年〜1996年）　*123*

⑸　第一成長期（1997年〜2013年）　*131*

⑹　第二成長期（2014年〜現在）　*137*

4　事例分析 4 （自動車）：株式会社堀場製作所 ……*144*

⑴　自動車産業の紹介　*144*

⑵　堀場製作所の事例紹介　*146*

⑶　生成期（1945年〜1968年）　*148*

⑷　形成期（1969年〜1978年）　*154*

⑸　第一成長期（1978年〜1992年）　*158*

⑹　第二成長期（1992年〜現在）　*165*

第4章■比較事例分析 ·· 177

　　1　生成期：何が各社の飛躍につながったか······ 178

　　2　形成期：経営環境の変化への対応······ 183

　　3　第一成長期：第二の成長エンジンの模索······ 187

　　4　第二成長期：安定的な成長の模索······ 192

第5章■制度論と資源ベース論の統合：本書の結論······· 197

　　1　結　論······ 198

　　2　制度論と資源ベース論の統合：
　　　本書の理論的・実践的含意······ 205

　　　⑴　理論的含意　205

　　　⑵　実践的含意　207

　　　⑶　今後の課題　209

参考文献······ 211

索　　引······ 219

第 1 章

制度的アプローチおよびRBV アプローチとは： 先行研究のレビュー

1 制度論とRBVの現状と課題

　本書では，研究開発型企業に関する先行研究の検討を制度論とRBV（Resource Based View）との関係において論じるため，まずこれまでの制度論とRBV に関する若干の考察を行う必要がある。本書の制度論では，従来経済学の分野で論じられてきた制度の規制的性格と経営学や社会学で言われてきた「組織選択（Population Selection）および構造的慣性（Structural Inertia）」，「組織同形化（Population Isomorphism）」の諸概念の議論を含んでいる。実際，人口生態学（Population Ecology）や制度論（Institutional Theories）が提案した経営上のインプリケーションは，「マネジメントの違いはほとんど存在しない。企業は，何をやるのがベストであるかを考慮し，そこに集中しなければならない。」もしくは，「企業は迅速なフォロワー戦略に適応しなければならない。」など企業自らの主体的行動を考慮するより与えられた経営環境に順応していく企業の行動を描いたものであった[1]。

　上述した制度論の基本的アイディアは，研究開発型企業の発展プロセスを説明する1つの経路としても確立され，当該産業を産業組織論的，比較制度分析的に分析しようとする（企業や産業を取り巻く外的要因に注目する）流れの母体となった。

　一方，本書のもう1つの理論的な軸を構成するRBVでは，企業が保有した特殊で異なる資源が持続的競争優位の源泉になるとしている。また，時間短縮の不経済，資源の集積的効率性，資源ストックの相互関連性，資源の減衰，因果関係の曖昧さのような要因によってユニークな資源ストックの模倣が困難であると主張している[2]。RBV論者が提案した経営上のインプリケーションとしては，「経営者はユニークなコア・コンピタンスを

最大化しなければならない。また，自社の因果関係の曖昧さと競合他社の
コア・コンピタンスをしっかり分析しなければならない。」などが挙げら
れる[3]。

　ところで，上述したRBVでは，企業が保有する異質的で特殊な経営資
源の重要性を強調するが，このような企業特有の経営資源は様々なルート
を通じて企業内部に蓄積されていく。例えば，企業がある産業に参入した
時期によって，企業内部に蓄積される経営資源の性格が全く異なる可能性
がある。すなわち，より早くある産業に進出し，先発業者の優位性を享受
し，規模の経済性を実現することが経営資源蓄積の1つの方法としてあり
得るかもしれない。また，参入時期の差はほとんど存在しないものの，各
企業間の業績に明らかな差が発生した場合，われわれはその原因を企業の
突出したイノベーティブなマネジメント（Innovative Management）から
解明できるかもしれない。このように本書では，RBVを検討することに
よって，研究開発型企業分析の新たなパースペクティブを探ることにする。

　以下では，企業にとって最も重要な経営資源ともいえる技術に関する先
行研究である技術経営論の概略を簡単に説明する。

　技術経営論では，企業が新しい技術知識を導入し，生産過程に適用する
ための開発および実用化と関連する全過程を「技術革新（Technological
Innovation)」と定義している。技術革新の概念をよりよく理解するため
には，経営学の常識となっている製品ライフサイクル理論（Product Life
Cycle Theory）の基本的アイディアを簡単に紹介しなければならない。
人の一生のように，製品にも，生まれて，成長してから成熟し，そして最
後には衰退してその寿命を全うするという製品ライフサイクル理論と同じ
く，産業においても産業の寿命周期が存在する。産業の寿命周期を決定す
る主要因は需要の増加パターンである。

　たとえばAbernathy and Utterback (1978)[4]は，産業の初期段階（流動

期）においては産業の標準となる製品が存在せず，多様な製品がドミナント・デザイン（Dominant Design）となるために激烈な競争が繰り広げられると言う。様々なバリエーションからドミナント・デザインが選択され，産業の標準化（Standardization）が完成する。しかし，ドミナント・デザインが決定され，産業の成長が頂点に至ると，技術革新の焦点は製品革新（Product Innovation）から生産過程革新（Process Innovation）に移る。産業が成熟化することによって，企業のマネジメントの関心事も製品の差別化から費用優位による価格競争に転換するからである。

　企業の費用優位戦略を論じる際に，規模の経済性と既存企業における参入障壁の存在を認識しなければならない。例えば自動車産業のような資本集約的で，大規模な研究開発投資が要求される産業は，いわゆる「弱肉強食」の論理が蔓延している業界でもある。絶えず，企業間M&Aが行われ，大規模投資が不可能になった企業群は次々と業界から淘汰される。韓国のLG半導体，日本の日立，NECのDRAM事業放棄，KIA自動車の現代自動車との合併，近年の電気自動車開発の全世界的な連携のようなケースが上述した論理を裏づけている。技術経営に関する先行研究の多くは，既存企業が新規参入企業に対して有する絶対的な費用優位を先発業者の優位性（First Mover's Advantage）と名づけた。すなわち，既存企業は新規参入企業に比べて原料を安価で購入し，経験曲線効果（Experience Curve Effect）による利益を享受できる[5]。

2 企業マネジメントと制度論[6]

　企業マネジメント分析の研究を行う際に，なぜ制度論の検証が必要となるのか。この基本的な問いは，本書で説明しようとしている制度（政府，法律，ルール，慣習，規律など）と組織（企業など利害団体）との関係を

理解するために非常に重要な役割を果たす。

　まず，制度という言葉の辞書的な意味を調べてみると，次のようである（梅棹・ほか（1996））。「制度とは，社会的行動様式，社会規範などが，一定の組織的形態をとったものである。慣習，伝統，因習，規則，法律やさまざまな社会的仕組みなどを指す。制度は社会の秩序を維持する機能を果たす。」[7]

　原始社会から現在の安定した社会に至るためには長い時間を要した。原始社会が現代社会のような制度が確立されていたとは信じ難い。所有権，生活，経済活動などの面で制約はあまりなかったであろう。だが，人々は自分たちの相互作用を形作るために，公式ルール，法律，非公式な慣習や行動様式などを，自律あるいは半自律的に制度という形態で考案したのである。このように制度は，日常生活にかたちを与えることにより，不確実性を減少させる。North（1990）は「制度は，公式的規則の基礎となりそれを補完するような典型的には明文化されていない行為規範だけに止まらず，公式的な成文律から成り立つ。公式の規則や非公式の規範は時々破られるが，その場合は処罰が行われる。従って，制度が機能することに関する一つの本質的な事柄は，規則違反を確認するのに要するコストの高さと処罰の厳格さにある。」と，制度の概念化にあたって，規則システムと強制システムが制度の特徴である，としている。また，Scott（1995）は現代の制度理論を次のように述べている。

　「制度は，文化，社会構造，あるいはルーチンによって背負われている。制度は異なったレベルで作用する（異なったレベルを影響範囲とする）ことができると説明される。すなわち，組織の下位単位内で作用することのみに限られる制度もあれば，他方，世界システムのように広いレベルで機能している制度もある。制度が作用するレベルの多元性と共に制度の働きを媒介しうる団体の多様性は，なぜ制度がそれほど多くの注目を集めるの

か，そして，なぜ制度は観察者の間でこれほど多くの混乱を引き起こすのか，双方の疑問について，その理由を説明するのに役に立つ。」

このことから，制度をどのレベルで分析するかによって，政治学，経済学，社会学などの今までの研究成果と本書との関連性がさらに明らかになるのである。

従来，経営学の組織間関係論において，制度という概念は，企業を取り巻く環境が企業のマネジメント活動を規定してしまうという観点から「Environment School」として分類されてきた[8]。例えば，Hannan and Freeman（1977, 1984）によれば，組織の基本的な構造と特徴は，その組織が誕生してからすぐに決定されるものであり，環境が組織の適合条件を決め，その条件を満たす組織が生き残り，そうでない組織は排除されてしまう[9]。

DiMaggio and Powell（1983），山倉（1993）によると，組織は環境の中で存続，成長し，環境との関係の妥当性によって生存が保障される。このように環境は，組織に対して制約を課する存在であるとともに，組織行動に対して正当性を賦与する存在でもある。彼らによると，環境とは当該組織に対して正当性を与える他組織や組織間ネットワーク・組織間フィールドである。組織は，こうした環境への同調（Conformity）によって，正当性を獲得することができる。したがって，彼らは，資源をめぐる組織間関係ではなく，主に正当性をめぐる組織間関係に注目する。国家や専門家団体，同業他社といった組織が注目され，法や政治，文化を組織間関係論として取り上げることになる。また彼らは，他組織や組織間システムとの同調，同型化（Isomorphism）を重視している。組織は正当性を確保すべく，組織が組み込まれている組織間システムのルールや神話，価値を受け入れるのである。その意味で，組織の環境に対する受動的側面を強調している。すなわち，環境決定論（Environmental Determinism）に立脚した組織間関係論といえる。このパースペクティブでは，組織は制度化され

た環境に埋め込まれている。

　しかし，上述したように経営学分野で議論されてきた制度と組織に関する議論の大部分において，制度は「与えられた（Given）」前提条件とみなして，なぜ制度というものが発生し，維持されるのかについては注目していない。また，制度そのものに対して企業が主体的に働きかけ，自ら企業を取り巻く制度変化を模索するレベルまで発展してきたにもかかわらず，制度と企業のマネジメントとの関係性を解明しようとする研究は非常に少ない。

　一方，North（1990）を代表とする新制度主義的な制度観は，合理的選択論の延長上に制度形成を想定するが，それに対する批判的視覚も浮上している[10]。例えば，Hodgson（1988）は，制度を「伝統・習慣ないし法的制約によって，持続的かつ成型化された行動パターンを作り出す傾向のある社会組織」と定義しながら，経済行動が制度によって方向づけられるとともに他方ではルーチン化された行動パターンの形成が制度の内実を形成するとしている。

　Hodgson（1988）はWilliamsonの企業組織論についても，市場を自然的なものとしてみなし，その中で企業組織の役割を論じていると批判している。彼は，個人の単なる総和としての「市場」なるものはどこにもなく，「市場」それ自体が「制度」であることを強調する。さらに，企業組織自体の理解でも，効率性だけでは捉えられない，としている。なぜなら，「企業の機能は取引コストを極小化することだけにあるのではなく，その内部で費用の計算自体がある程度廃止される制度的な枠組みを提供することにもある」からである[11]。

　いずれにせよ，制度論の根底に流れている大きな潮流は，従来の経営戦略分野からみると，「環境決定論」に類似した概念である。Mintzberg他（1998）が，「Environment School」と名づけた制度論の諸研究では，環

境が戦略を規定し，組織はあくまでも環境に従属する受動的なものとされる[12]。しかし，組織の構造やプロセスが環境に依存するという「環境決定論」的な視点は企業の主体的な行為を見落としている。今日の経営戦略研究は，こういった「環境決定論」的な視点を乗り越え，積極的に自ら企業を取り巻く環境に対して働きかけるレベルにまで発展してきたのである[13]。

3 RBV（Resource Based View）の現状と課題[14]

創始者Porterを中心に発展してきた産業組織論的戦略論（Positioning View）の分析法は，企業の戦略策定に有用な外部環境分析の技法であった。しかし，動態的に変化する環境のなかで企業がどのように対応すべきかに関しては，十分な示唆を提示してきたとは言い難い。結果，より動態的な視点を求めて，1980年代後半から1990年代初頭にかけて，経営戦略分析の関心事は，企業の外部環境分析から企業の内部的な経営資源と中核能力の分析へと移行してきた[15]。

企業の保有資源に基づいて企業を把握するRBVは，1980年代以後浮上してきた理論で，経営学における新たな領域として注目されている。勿論，1980年代以前にも企業の成果は企業が保有する力量で決定されるという見解はあった。しかし，資源を中心とした初期の理論は，技術資源のような企業の長期的成果を左右する重要資源に対する正確な説明が不足していたため，単に概念を提示する水準にとどまった[16]。

では，なぜこのように伝統的な戦略論で既に議論されてきた資源ないしは内部能力に関する議論が，1980年代以後になって再び浮上し，焦点を当てられているのか。それは，1970年代以降，戦略論の中心に位置していた産業組織論的戦略論に対する反省に起因したものであった。前述したように，Porter等の産業組織論的戦略論（Positioning View）は，企業の外部

要因によって戦略が決定されるという論理（Outside-in）で，企業の内部（Inside）に関しては相対的に関心を持っていなかった。創始者のPorter以降，Fleisher and B. Bensoussan（2007）は，Porterの理論を発展させ，9 Forces Modelを提唱した。このモデルは，企業を取り巻くマクロ環境を分析するSTEEP・PEST分析をベースにして既存のPorterモデルのForcesを適用したものである。つまり，社会的（Social），技術的（Technological），経済的（Economic），政治的（Political）環境というマクロ環境分析をベースに供給者の交渉力，購買者の交渉力，新規参入の脅威，代替材の脅威，産業内の競争という企業の内部経営環境を重ねる手法である。このモデルの強みは，企業の環境分析を通じて自社の強みと弱み，機会と脅威，つまりSWOTを正確に把握したうえで，企業のポジショニング戦略と戦略開発に使用できる点である。反面，経営環境の規定と解釈の難しさから最善の経営戦略の選択と実行は容易ではない。また，特に様々な分野の事業部を持つ複雑な企業を運営する経営者にとって主観的で誤った判断により一気に企業経営が危機的な状況に置かれる可能性もある。

　これらの産業組織論的戦略論（Positioning View）アプローチに対する反省として誕生した RBVは，企業の内部から，特に企業が保有する資源によって戦略を決定する理論である。この理論によると，長期的に高い受益性（成果）をあげるためには，競争力のある資源を継続的に蓄積しつつ，その保有資源に依拠して戦略を策定しなければならない。即ち，産業組織論的競争要因モデルにおいては，まず産業構造分析に従って参入する産業を決定し，競争者の戦略を分析し，参入戦略を採択し，最後にその戦略遂行に必要な資源を把握し，獲得することを仮定しているのである。

　これに対してRBVは，各企業は資源（Resource）と能力（Capabilities）の面で異質であるため，各企業は自社が保有している資源によって必要な戦略を選択しなければならない，という論理である[17]。この観点によると，

企業の成功は，企業を取り巻く環境要因ではなく，企業が保有している内部の特殊な資源によって決定される。同一産業に属する企業であっても，環境変化に対応する方式は企業ごとに異なる。その理由は，各企業の保有資源が違うからである。したがって，企業の成功には環境変化の迅速な把握と適合した戦略の策定とが重要だが，さらに重要なのは策定された戦略の実行である。そして戦略を成功裡に実行するためには，それに必要な資源を既に保有しているか，あるいはこれからその必要資源を創出しなければならない，という主張である[18]。

経営資源と企業の経営成果（業績）との相互関連性への関心の高まりが，戦略論においてRBVが流行する背景となった。RBVでは，経営資源，組織能力の特異性が競争優位性の源泉になる，と想定している。Wernerfelt（1984）は，経営資源を「企業に継続的に属する有形・無形の資産」と定義している。具体的には，ブランド・ネーム，技術知識，従業員の技能，取引契約，機械，効率的な生産方式，資本などがある[19]。

もともと，Penrose（1959）は，物的資源として工場，プラント，器具，工具，土地，天然資源，原材料，半製品などを，人的資源としては従業員を挙げ，資源の集合としての企業を提示した。Penroseは，経営資源の中のある種のものは「企業外部から調達することはできない」としており，「内部蓄積された資源」の発想を持っていた[20]。

また，Barney（1991）は資源を「企業の効率と有効性を向上させる戦略の策定と実行に寄与しうる，企業によりコントロールされる資産，能力，組織プロセス，企業特性，情報，知識など」と定義した。彼は資源の種類を物理的な資源，人的資源，組織資源に分類する場合，工場，原材料，資金などの物理的な資源は把握しやすいが，個人が持つ技術，経験などの人的資源と，企業構造，計画，調整，コントロールなどの組織資源は把握が相対的に難しい，と述べた。特に，時間の流れによって学習および選択を

繰り返しながら進化，淘汰していく過程を生き残ったメカニズムはますます複雑となり，その因果関係の曖昧性がさらに増加していく。このように特定の視点から，環境，主体，資源の要素がどのような過程を経て，どのようなメカニズムを形成したのかを因果的に解明するのはかなり難しい作業である[21]。Barney（1991）の場合は，資源と競争優位性との理論的関連により重点を置くのだが，彼の理論でも，競争優位性の源泉となる資源は，企業ごとに「異質」（Heterogeneous）であり，「移転不能」（Immobile）である，としている。

　一方，伊丹（1996）は，「多数の人々は企業の資産を工場あるいは設備など見えて，触れて，評価できることだけに限定して定義する傾向がある。しかし，企業が保有する技術力，蓄積されたマーケティング情報，ブランド名，名声，企業文化のような無形資産は企業の競争力を構築する時にかなり重要な役割を果たしている。このような無形資産は持続的な競争優位をもたらす一番重要な要因である。」と述べている。

　また小林（1999）は，経営資源を「企業の競争優位性確立に不可欠なアセットとケイパビリティの集合であり，それは工場，設備，土地，総資産といった実物的（Tangible）物から，企業の名声，ネットワーク構築力，学習能力，従業員ノウハウといった非実物的（Intangible）物までを含む」と定義した。また彼は，実証分析のために経営資源を2つのサブ概念に細分化した。まず，企業資産力（Corporate Asset）は，経営資源のうち，既に企業によって所有されているもので，経営戦略におけるインプットの役割を担うものである。具体的には，財務資産などが挙げられる。次に，企業活動力（Corporate Capability）は，企業が他社に比べてうまくその投入材を利用できる能力に関する概念であり，スキルやコンピタンスとも呼ばれる。具体的には，戦略意図構築能力，名声構築力，リソース・ストレッチング，技術開発力，マーケティング能力などが挙げられる[22]。

　企業が保有する資源を大別すると，有形資源（Tangible）と無形資源（Intangible）に分けられる。有形資源が機械，装備など物質的資産と財務的資産など可視的な資産を意味するのに対して，無形資源は企業の名声，技術，ノウハウなどの非可視的資源を意味する[23]。企業の内部資源に関する分類は多様であるが，ここではCollisの分類を基準にして説明することにする。Collis（1991）は，戦略決定において核心的な役割を果たす資源として中核能力，組織能力，管理的遺産を指摘している[24]。

　RBVでは，上記のような経営資源，組織能力などの特異性を競争優位性の源泉と想定している。具体的には，①経済モデル（Economic Model）と②組織的モデル（Organizational Model）を設定したうえで組織的モデルの優位性を提唱している[25]。しかし，RBVは，その重要概念である経営資源や組織能力の概念が曖昧（Ambiguous）であるため，その測定尺度の妥当性や信頼性が必ずしも高いとはいえない[26]。

　Barney（1991）は，企業の資源が戦略の成功的な遂行の源泉となるためには次の4つの特性，即ち，有用性（Value），稀少性（Rareness），完全模倣の不可能性（Incomplete Imitability），完全代替の不可能性（Incomplete Substitutability）が揃わなければならないと主張した[27]。以上の資源の特性と競争地位間関係を要約すると**図表1-1**のように整理することができる。

　図表1-1にある，4つの特性の具体的な内容に関して，より詳しく説明すると以下のとおりである。

①　資源の有用性

　保有した資源が有用である場合には，その資源が持続的な競争優位の源泉になる可能性が高い。資源が有用であることは，企業の効率性と生産性を増大させるための戦略を樹立，実行するときに役に立つことを意味する。

[図表1-1]　資源の特性と競争地位

資源の特性				競争地位
有用性	稀少性	完全模倣の不可能性	完全代替の不可能性	
×	×	×	×	競争劣位
○	×	×	×	同等な競争
○	○	×	×	一時的な競争優位
○	○	○	×	同等な競争
○	○	○	○	持続的な競争優位

出典：Barney, J.B.（1992）p.43より筆者修正

②　資源の稀少性

　ある企業が保有している資源を多数の競争企業と潜在的競争企業も保有していると，その資源は競争優位の源泉にはならない。即ち，ある資源の有用性は高いが，希少性がない場合，その資源が競争優位の源泉になることは難しい。他の企業がその資源を保有しなければしないほど資源の希少性が増大して，その資源を保有した企業は保有していない企業に比べて競争優位を保つことができる。

③　完全模倣の不可能性

　有用で，稀少な資源であって，長期的に他の企業がその資源を獲得できない場合，即ち完全に模倣できない場合，競争優位を持続的に維持できる。模倣の不完全性に影響を与える要因には次の３つが挙げられる。①特定資源を獲得するためには独特な歴史的条件（企業の独特な成長過程と企業文化の形成），②企業が保有している資源と企業の競争優位間の関連性に関する因果関係がはっきりしていないこと，③競争優位が企業イメージ，企業の対外的関係など社会的複雑性によって現れることである。

④ 完全代替の不可能性

　企業の資源が競争優位の源泉になるためには，代替資源が存在してはならない。即ち，有用な資源であってもそれに代替できる資源が存在するならば，その資源は相対的に競争力を失うこととなるのである。

　また，上述した概念を発展させてBarney（1997）が提唱した，VRIO（Value Rareness, Imitability, Organization）モデルは，組織内の一般経営者の影響に関する研究，企業特有の力量の類型に関する研究，Ricardian経済学に関する研究，そして企業成長に関する経済学的モデルなどに基づいている。このモデルは，直接的にはRBVを土台に構築され，基本的に2つの重要な仮定を前提にして成り立っている。それは，各企業が相異なる資源および能力を保有している（資源異質性）ことと，その差が相当長期間にわたって持続可能なことである（資源の非移動性）。この2つの仮定に基づいてそれぞれの，VRIOの問題に対する'解'を求める過程で企業の資源と受益潜在力を決定できる[28]。しかし，Barney（1997）自身も認めたように，VRIOモデルは，予想できない企業環境の変化，企業成果に対する経営者の制限された影響力，分析単位と関連した資料の問題などの限界をはらんでいる。

　RBVは，競争優位の源泉がどういうものであるのかを説明してくれると同時に，競争優位が創出され，持続していく過程を説明してくれる。この理論の戦略的意味は，Porterの産業構造分析モデル，競争優位モデルでは説明できなかった企業の競争優位創出過程および競争優位の持続性をある程度補完してくれたところにある。

　このような保有資源に依拠する戦略ないしは企業マネジメントの決定論理は，研究者によって資源の定義が違い，論理があまりにも抽象的に展開されるために，統一された理論体系になっていくにはまだ時間を要する。即ち，RBVも問題点をかかえているのである。企業に競争優位を持たせ

る資源は，模倣も不可能で移動も容易ではない。模倣あるいは取引が不可能である資源であれば，このような資源は把握が困難か，あるいは成功裡に資源が形成された要因が不分明なことになる。したがって，われわれが，資源が競争優位をもたらす要因であることに気づくのは，そのような資源を保有した企業が競争優位をもって成功したときである。また，RBVでは，企業がどのような資源を保有しているのかという問題よりも，そのような資源を獲得し，蓄積していける能力はどのようなものであるか，またその能力がどのような過程を通じて創出されたのかが最も重要である，と強調している。

　このように中核資源として企業が単純に保有する有形無形の資源ではなく，そのような資源を開発する能力（Dynamic Capabilities）を強調しているために，資源の概念があまりにも拡張されすぎた面もある[29]。

　ところで，上述したRBVでは，人，モノ，金，情報という経営資源に主に注目するが，なかでも目に見える資産（Visible Asset）よりは目に見えない資産（Invisible Asset）の方がより重要であると強調する[30]。ブランドや技術（テクノロジー）などの目に見えない資産は多重利用が可能であるため，獲得するためには他の経営資源より長い時間を要するし，獲得過程も簡単ではない。しかし，企業内に一度構築されると，圧倒的な優位性をもたらす経営資源である。以下では，上述した経営資源のなかでも技術に注目すると同時に，業界の支配的技術が形成される一連の過程をイノベーションのメカニズムと関連づけて検討する。

　イノベーションのパターンと製品のライフサイクルに関する先行研究の多くは，主にテクノロジー・サイクルの概念を導入してイノベーションのメカニズムを説明している。例えば，揺籃期（流動期）には様々なバリエーションが存在し，この時期においてはプロダクト・イノベーションが活発に行われるが，その後ドミナント・デザインが決定されプロセス・イ

ノベーションが活発化すると，生産性は高まるがイノベーションはあまり起こらないという論理である。まず，イノベーションの発生メカニズムを簡略に紹介しよう。

後藤（2000）は，企業規模や市場集中度とイノベーションの関係について，市場支配力を持つ大企業がイノベーションを起こしやすい理由を以下のように述べている。

例えば，アイディアがあったとしても資金がなければ銀行や金融機関の援助を求めなければならなくなってしまう。さらに，そういった援助を求める際に重要な情報が漏れてしまい，情報の価値が下がってしまうかもしれない。よって，豊富な内部資金を保有する大企業の方が有利になる。また，研究開発の面でも規模の経済が存在するために研究所，実験設備はある程度の規模のものを揃えなければならない。さらに，新しい技術を生み出す研究費は固定費の性質を持つために研究開発投資の期待収益率は販売量が多い大企業の方が高くなる。そして，研究開発において規模の経済が働くこと，固定費の性格を持つ研究開発投資の期待収益率の高さ，新技術を用いて開発された製品を普及させるための生産設備，販売網などの補完的資産の存在，多角化による範囲の経済性の享受などが基本的に大企業のイノベーションを促進する理由として挙げられている。

しかし彼は，管理の困難さ，適切な組織内インセンティブ（誘因）メカニズムの設計と実施の困難さなど，大企業の不利な点も指摘している。後藤（2000）は専有可能性，技術機会，需要の３つの要因がイノベーションの本源的要因であると定義し，独占的市場においてイノベーションが実現しやすい，または，大企業の方がイノベーションに有利であるという従来の研究に関して疑問を投げかけた。専有可能性とは，イノベーションが実現され社会全体の利益が向上した際に，その利益のうちイノベーションを実現した企業にもたらされる利益の程度を表す。全体的には個別企業が享

受する利益より社会全体が獲得する利益の方が大きいため，そこに国家が産業政策などで支援を行う誘因が発生する。企業は自社の利益を最大化するために専有可能性を確保する手段をとらなければならない。そこで，特許，企業機密，リードタイム，補完的資産の支配，学習曲線をすばやく滑り降りる，といった方法が用いられる。学習曲線は先に開発し，製品化し，販売すると後からその産業に参入してくる後発業者に対して先発業者の利益を享受することができるというリードタイムの概念と重なる部分もあるが，これは，早く生産をし，生産の経験を積むと，コストが急速に低下していくという学習効果（経験効果: Experience curve Effect）の概念に基づいている。

　後藤（2000）は，「生産開始の初期には不良品の率が高く，結果的に総費用を完全な製品の数で割った平均費用が高くなるが，生産の経験を積むことにより，生産工程の管理が改善され，不良品が急速に低下していく。いちはやくこの学習曲線を滑り降りて不良率を減らし，平均費用を低下させた企業は，競争上の優位に立ち，利益を上げることができる」と指摘した。

　もう１つのイノベーションに影響を与える要因である技術機会は，ある産業に関連した外部からの情報である。このような情報には，企業内，産業内，顧客，産業の外部からの様々な情報が含まれる。後藤（2000）は技術機会，専有可能性，需要という３つの概念に注目し，**図表１-２**のようにイノベーションのプロセスを示した。簡単にそのプロセスを説明すると，様々な問題解決のためにR＆Dが行われ，その際に技術知識が生み出される。勿論，こういった技術知識だけではイノベーションは実現されないため，生産設備，販売網などの補完的資産とうまく融合されて初めて実現される。さらに，イノベーションの結果はそれを実現した企業にも利益をもたらすが，社会全体的にも大きな利益を与える。需要は，得られる利益の

[図表1-2] イノベーションのプロセス

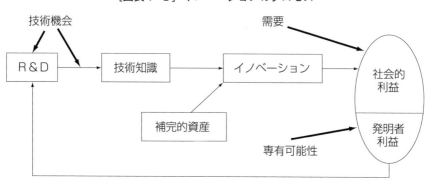

出典：後藤（2000）p.41より筆者修正

程度（全体のパイ）を，専有可能性は，全体の利益のうち，企業が手にする利益の程度を表す。

　新宅（1994）は，アバナシーの産業の成熟化過程を流動的段階，ドミナント・デザインの決定，特定化段階に分けて詳細に紹介したうえで，しかし「生産性のジレンマ」で示された産業の成熟化にともなう通常の発展過程は，必ずしも一方向に進むとは限らず，進行方向が逆転しうるもので，特定化から再び流動的段階に突入する場合が存在すると述べた。彼によると，流動化段階では，製品の基本的な機能を規定する技術として多くの代替的技術が存在し，どの技術を選択すればよいかが不確定であるため，大きな製品イノベーションが頻繁に起こる可能性が高い。この段階ではまだ製品コンセプトも曖昧で多様であるために，企業側も消費者の反応を見ながら相互学習のプロセスを経て製品のコンセプトが確立されていく。とりわけ，製品のデザインが流動的であるために工程イノベーションはほとんど発生しない。

　このように企業と市場の双方でその製品に対する共通の理解が深まると「ドミナント・デザイン」が決定され，ドミナント・デザインは標準的製

品として市場に広く普及される。ドミナント・デザインの登場によって，製品面でのイノベーションは少なくなり，漸進的イノベーション（Incremental Innovation）が主流となる。生産すべき製品デザインが決まると，初期段階においては頻繁に工程イノベーションが起こるが，このように生産工程が確立していくとともに，産業は特定化段階に入り，工程についても漸進的イノベーションも起こらなくなる。よって，産業の成熟化にともなって，生産性は向上するが，技術革新は少なくなるという現象が生じる。

　アバナシーはこのような技術革新と生産性とのトレードオフを「生産性のジレンマ」と呼んだ。しかし，産業が成熟してから再び流動的段階に突入していく「脱成熟 De-maturity」が起きると，従来の成熟化の過程で精緻に確立された製品や工程に関する技術体系は陳腐化し，技術革新が競争上のポイントとなり，産業は再び活性化し，新たな発展過程が始まる。新宅（1994）によると，新しい技術的アプローチ（技術の発見）によって脱成熟は起きる。

　一方，成熟化を促進する技術革新は既存企業が保有する既存の強みをさらに強化したりその適性を高めるので漸進的イノベーション（Incremental Innovation）と，他方で脱成熟を導く技術革新は既存の強みの価値を低下させたりそれを陳腐化させたりするので急進的イノベーション（Radical Innovation）と呼ばれている。企業は性能や品質を向上させた製品，あるいは価格を低下させた製品を市場に導入することによって，売上を拡大することができる。また，同じ製品でもより低いコストで生産すれば，より高い利益をあげることができる。既存企業は製品や工程に関する技術革新を通じて，競争力を強化していく。

　とりわけ，漸進的イノベーションは，個々の効果は小さいが，それらが数多く積み重ねられた累積的効果は，ドミナント・デザインが登場する以前の技術革新よりも大きいことが指摘されている。

　新宅（1994）は，技術開発の成果としての製品の機能とその製品に投じた研究開発努力（資金・時間）の関係に注目し，その関係はＳ字型の曲線を描くという。つまり，投じた努力に比してその成果の伸びは緩慢で，その後急速になり，やがて再び緩慢になり，最後はどんなに資源を費やしてもほとんど成果は上がらないという限界に到達すると指摘した。コストについては，「累積生産量が倍増するたびに，一定の比率で単位コストが減少する」という経験曲線効果が広範な産業で存在することが知られていると述べた。経験曲線を式で表すと以下のようである。

$$\log C = a + b \log CV$$

　ここで，CVは累積生産量，Cは単位当たりコストを表し，aとbは定数である。なお，bがコスト低下の割合を意味しており，累積生産量が倍増したときのコスト低下割合を示す習熟率rは，$r = 2b$となる。この習熟率は産業によって異なるが，同一の産業内の企業はほぼ一律であると言われてきた。経験曲線は，縦軸に単位コスト，横軸に累積生産量をとり，通常は両軸対数目盛りのグラフを使用することによって直線として描かれる。しかし，標準目盛りのグラフを使用すると，経験曲線は右下がりで原点に対して凸型の曲線となり，累積生産量が増大するにつれて，コストの低下率は次第に逓減していく。経験曲線効果のメカニズムは，次のようである。つまり，ある製品に携わる企業は，その開発や生産の実際の経験を通して様々な学習を行い，その製品に関連した知識を組織内の個人やグループ，組織全体として蓄積し，体系化していく。

　その知識に基づいて実行された諸々の技術革新の成果が製品の機能向上やコスト低下となって現れる。このような知識は，組織の構成要員であるヒト，あるいは製造設備や研究施設といったモノという経営資源として既存企業のなかに累積的に蓄積され，それが競争優位の源泉となる。この場

合，その製品に関連した知識や経営資源の蓄積の乏しい企業が新たに参入しても，既存企業に対抗することは困難であろう。

　以上のような連続的・累積的な技術進歩のプロセスは，特定の技術体系を精緻化させていくプロセスである。しかし，既存企業の強みをさらに強化するこのような漸進的イノベーションは，特定の技術体系のもとで知識が蓄積され技術の末端部分まで知り尽くされていくと，やがて機能向上やコスト低下の限界に近づいていく[31]。

　新宅（1994）は，急進的イノベーションについて次のように説明している。旧来の技術体系を打破する契機となるのが，新しい技術を利用した急進的イノベーションである。いわゆる，特定の技術に基づいた機能向上のＳ曲線の限界が，非連続的な技術変化によって打破され，新しいＳ曲線が始まることを指摘した[32]。

　彼によると，新しい技術を利用した急進的イノベーションが実現された初期段階においては，その技術がどこまで向上するか，あるいは市場がどこまで成長するかは不透明であるために旧来の技術体系を持っている既存企業がこのような急進的イノベーションを実現することは非常に難しい。反対に，新規参入企業にとっては新しい技術の導入が既存企業の基盤を崩す絶好のチャンスになるかもしれない。しかし，新宅（1994）は脱成熟期における新しい技術の導入は，成熟化の過程における多様な技術のなかから選ばれるドミナント・デザインとは全くその性質が違うと主張した。

　すなわち，技術体系がまだ確定していない成熟化段階における技術間競争とは全く異なる競争が繰り広げられる。技術体系が既に確立したため，既存企業は蓄積した様々な知識や資源を保有している。例えば，既存企業の保守的なイノベーションによってよい成果が生まれるかもしれない。しかし，新しい技術が大きな発展を遂げたとき，保守的な行動をとっていた既存企業はその競争力を急速に失い，市場から淘汰されてしまう危険性が

ある。よって，新しい技術が登場したとき，既存企業はまず新しい技術への転換を行うべきかを，次に，もしも転換するのであれば転換時期をいつにするかを判断しなければならない。このような新宅（1994）の主張に間違いがなければ，既存企業のもつ知識や資源に対して破壊的な効果をもつ急進的イノベーションと旧来技術の漸進的改善から得られる経験曲線効果の享受とではトレードオフ関係が成立する。すなわち，後に述べるChristensen（1997）の新規参入企業による破壊的技術の導入説のように，旧来技術を採用している企業による急進的なイノベーションは期待できない。

さらに，新宅（1994）はアメリカ市場と日本市場の性質の違いが企業行動の相違を生んだとしている。すなわち，各企業が類似したフルライン製品市場で競争し，ある企業の突出とそれに反応した競合他社の追随が繰り返される同質的な競争関係が成立した日本市場とは違って，アメリカでは異なる製品市場をターゲットにする企業間で棲み分け的な競争関係が成立したとしている。さらに，再成熟化過程において，技術進歩が急速な場合には，差別化戦略やコスト・リーダーシップ戦略のうちどちらか一方に傾注せずに，機能向上とコスト低下を同時に追求し，マーケット・フロンティアに対応したフルライン戦略をとることが競争戦略として有効であると提唱した。

上述した新宅（1994）のロジックによると，新規参入企業によって急進的イノベーションが行われる可能性が高く，既存企業は新規参入企業がどのような新しい技術で攻撃してくるか把握し難いために常に襲いかかる攻撃に備えなければならない。しかし，既存企業のなかにも俊敏な組織の体質変換を図りながら，絶えずイノベーションを起こしている企業は数多く存在する。また，脱成熟期には一般的に市場が飽和している状況であるため，競合他社と自社製品を単純比較し，差別化に集中する企業マネジメントの一般的傾向が見られる。しかし，真の脱成熟化は競合他社の製品や

サービスを意識しては達成できず，顧客の真のニーズを捉えて初めて実現できるのである。

Christensen（1997）は，旧来の技術（持続的技術）と新技術（破壊的技術）の関係について，破壊的技術の危険性を警告しながら技術の進化スピードが市場需要のスピードを上回る可能性に関して論じている。つまり，技術の発達程度が消費者の需要をはるかに上回る場合，現在の市場で必要とする性能以上の製品が出現したとしても，その破壊的技術が新しい市場の形成につながるかどうかは疑問である。スマートフォン業界を考えてみよう。例えば，現在使っているスマートフォンの仕様は無線インフラの発達やアプリケーションが必要とするスマートフォンの容量（Capacity）が段々増えていくとしても，消費者がスマートフォンを購入した6カ月後に例え既存より高性能のスマートフォンが市場に出回ったとしてもよほどのことがない限り消費者は新しい製品購入の必要性を感じない可能性が高い。なぜならば，既存製品だけでも消費者のニーズは十分満たされているからである。

Christensen（1997）は，破壊的技術には4つの原則があると述べている。

第一に，実績のある企業は持続的技術変化にはうまく対応してきたが，単純な破壊的技術が登場した場合，つまずくケースが少なくない。つまり，実績のある企業の経営者は顧客と投資家を満足させるマネジメントを行わざるを得ないため，いわば資源依存パースペクティブな特徴が現れる。彼によると，主流企業が迅速に破壊的技術で地位を築くことに成功したのは，経営者が自律的な組織を設立し，破壊的技術の周辺に新しい独立事業を構築する任務を与えたときだけである。

第二に，破壊的技術は新しい市場を生み出すことから，初期参入による先発業者の優位性が働く。ところが，大企業のように組織が大規模かつ成功を重ねると，新しい市場を成長の原動力とし続けることは困難となる。

つまり，大企業にとって早い段階で新しい市場に注力することは難しく，新しい小規模の市場に進出して成功を収めるためには，市場が成長するまでは，目標とする市場の規模に見合った組織に破壊的技術を商品化する任務を任せるしかない。

第三に，新しい市場につながる破壊的技術を扱う際には，市場調査と事業計画が役に立った実績はほぼないため，新しい市場の予測は不可能に近い。Christensen（1997）によると，先駆者が圧倒的に有利な理由は，市場が不透明で未来を予想することができないからである。

第四に，製品の性能が市場の需要を追い抜く現象が製品のライフサイクルの段階を移行させる最大のメカニズムであり，企業は競争力の高い製品を開発し優位に立つため，急速に上位市場へ移行しており，高性能，高利益率の市場を目指して競争するうちに，当初の顧客のニーズを満たしすぎてしまうケースが発生する。そのため，低価格の分野に隙間ができてしまい，企業の主流製品の変化を注意深く観察していた破壊的技術を保有した企業が浸透する余地ができてしまう。

4 比較制度分析的接近

一方，中小企業やベンチャー企業においては，その産業を取り巻く様々な外部的要因のなかでも，制度は考慮しなければならない重要な側面である。論者によっては，すでにグローバル競争時代に入っている現段階で，なぜ制度を，企業活動を取り巻く重要な変数として取り扱わなければならないのかと反論するかもしれない。

しかし，東アジア諸国におけるハイテク産業の発展ぶりをみると，これまでのほとんどの研究において強調されてきたのは，国家主導型の強力な産業政策のもとで，政府が作成した計画通りに行動することが民間企業に

とって成功の大きな要因であったという論理である。しかし，青山
(1999) や金 (2000) が強調したように，産業は政府の政策のみによって
形成されるわけではなく，政府と民間部門の相互作用を通じて形成される。
　例えば，ハイテク産業の中でも国家主導型の強力な産業政策が行われた
半導体産業について，青山 (1999) は，特定の歴史的，社会的条件下で政
府，民間双方の制度やシステムがどのように連関しながら（競争と協力を
内包する）分業を軸とするネットワーク型産業を形成してきたのか，また，
産業のネットワーク構造がどのように半導体産業に適しているかについて
分析した。青山 (1999) は台湾の半導体産業形成における政府の役割に関
して次のように述べている。「日本や韓国の半導体産業が垂直統合するこ
とで，巨大な資金が必要となり，銀行借り入れあるいは資本市場からの資
金調達に依存したのに比べて，台湾の半導体産業の資金調達ではベン
チャーキャピタルが活躍するところに特徴がある。そして，台湾政府はベ
ンチャーキャピタルへの出資を強化している。このように見てくると，半
導体産業に関して台湾政府が行った施策の結果は，ちょうど情報処理にお
いて集中型と分散型が存在することと同様に，半導体生産においても集中
型と分散型が有り得ることを立証したといえよう。分散型は，構成ユニッ
ト間の自己調整機能（コーディネーション）がうまく働けば，集中型より
リスクが低く，外部からのショックをより多く吸収できるシステムである。
政府の施策はこの自己調整機能の触媒的補完であった。」
　金 (2000) は，代表的な韓国半導体企業の経営を実証分析し，韓国政府
と民間企業の相互作用に注目しながら，「国，政府の役割あるいは一般企
業に対する規制や関与の程度は，国の歴史やその国が置かれている環境に
従ってうまく連動しなければならない。」としている。したがって，各国
の政府の役割や一般企業のマネジメントの連動性までを論じるためには，
制度分析まで視野に入れなければならない。比較制度分析は現存する様々

な制度の比較分析を行うものであり，その根底には，

(1) 制度がわれわれの経済活動の中で重要な役割を果たしている。

(2) われわれが作り上げている制度には様々に異なるものがあり得る。
という認識が存在している。比較制度分析では，経済主体は「合理的であろうとするが，その合理性には限界がある」という，Simonによって概念化された「限界づけられた合理性（Limited Rationality）」ないしは「限定合理性（Bounded Rationality）」を，より明示的に出発点として取り上げる[33]。比較制度分析は，社会の各構成員が自己利益に基づいて行動する状況で，情報の非対称性や不完全性が生み出す困難を解決する方法の違いとして経済システムの差を理解しようとしている。本書では，幅広い比較制度分析の領域のなかで，特に政府と企業関係の比較制度分析に注目したい。青木・奥野（1998）によると，現存する政府の形態をいくつかのタイプに分類することができる。下記の3つのタイプの政府形態のなかで研究対象である日本，韓国のIT，バイオ，部品関連企業はどのタイプなのか。この問題に対する答えは，本書の分析枠組みの主要構成要素である制度の具体的なイメージをより理解しやすくしてくれる。では，青木・奥野（1998）の政府分類を詳しく見てみることにしよう。

(1) 権威主義型政府

三権および行政府の各部局が「最高権力」に支配されている強力な政府形態。民間企業は，最高権力に直接影響力を行使することで，自らの利益を実現しようとする。東アジアのいくつかの国々で見られる政府形態である。

(2) 関係依存型政府

三権分立の程度は低く，特に立法と行政の統合度が高い一方，司法プロ

セスの有効性は低い。行政府の各部局の管轄は縄張りによって厳密に区分けされ，各部局と管轄内の民間企業・事業者団体間で長期的関係が形成されている。この縄張り同士のチェック・アンド・バランス機能によって，独占的な政治支配が排除されている。日本の政府形態として理解できる。

(3)　ルール依存型政府

　三権分立の程度は高く，行政府の各部局は中央集権的に組織されている。三権分立の結果，立法府による立法は裁量の余地が少なく，司法の独立性も高い。しかも，行政府の各部局の管轄が厳密に区分けされていないため各部局の競争も激しく，民間は，行政府に対して相対的に大きな交渉力を持っている。行政より立法の果たす役割が高いので，民間は立法府における政治活動を重視する。アメリカの政治形態はこのように理解できる。

　3つのタイプの政府形態にはそれぞれに独自の長所と短所がある。三権が分立的なルール依存型政府では，事後的なルール変更の可能性は低く，したがって企業の事前投資活動の誘因をそれほど阻害しないという利点があるが，ルール変更が必要な状況でも事前ルールに縛られる恐れがある。他方，権威主義型政府は，特定産業の育成のように一国の資源をある目的のために集中させたいときに，自らの持つ強力な主導権を用いてマクロ的調整を達成しやすい。ただし，一部政治勢力の独裁や政治腐敗の可能性が大きいことが弱点である。また関係依存型政府は，政府と企業間の長期的関係に基づくルール変更の余地を利用して，事後に生じた問題に柔軟に対応できるという利点を持つ。また，長期的関係の当事者のみに観測可能な情報を政策決定において利用できる。しかし，縄張りのために少数の関係者が結託し，新規参入や消費者利益が阻害される可能性がある。

　政府の制度的構造，つまり三権分立の程度や政府・企業間の長期的関係の有無などが，資源配分に望ましい影響を与えるか否かは，経済が置かれ

た歴史的な環境や，それと補完的な民間経済組織があるか否かにも依存する[34]。

　いずれにせよ，企業発展プロセスをより現実的に分析するためには，企業を取り巻く制度的要因の考慮は欠かせないものと思われる。しかし，分析の焦点を制度論的測面に合わせると，今度は企業自らの革新性や創造性を見落とす結果となってしまう。

　制度論に批判的なOliverは最近の文献で，組織は多様な「戦略的対応」により，圧力に立ち向かっていると指摘している。そしてそのいくつかは，受動的な順応を超えるものだとしている。これには次のものが含まれる。①黙従（完全に制度上の圧力に屈服すること），②妥協（部分的に圧力に応じること），③回避（順応する必要性を排除しようとすること），④反抗（制度上の圧力に対して積極的な抵抗を示すこと），⑤操作（圧力を緩和，ないしは変える試み）。Oliverの指摘は，制度論から離れ，戦略的計画のように，より積極的な戦略的姿勢に向けられている[35]。

5　制度論アプローチとRBVアプローチ

　以下においては，制度的アプローチとRBVアプローチの統合可能性に関して述べる。従来，企業を取り巻く制度とマネジメントの関係について注目した先行研究がいくつか存在する。

　軽部（1997）は，日米半導体産業において，両国の経済制度的要因がそれぞれ独特の資源投入パターンを生み出した，としている。彼は，日米の経済制度的要因の相違として，労働市場の流動性と制度としてのベンチャーキャピタルの存在とを挙げている。つまり，アメリカの方が労働市場の流動性が高く，ベンチャーキャピタル制度が確立しているために事業の外部化が促進されるが，日本の場合は全く反対である。彼は，このよう

に経済制度的要因が各企業の資源投入インセンティブに与える影響に注目
した。

　一方，企業の戦略と制度との関係性に言及した先行的研究として，
Khanna and Palepu（1997）が挙げられる。彼らは，「企業は，その戦略
を『制度的背景』，つまりその国の製品，資本，労働市場，法制度，契約
を実行させるためのメカニズムに適合させなければならない。新興経済で
は，先進経済とは違ってこれらの分野のすべて，または大部分の制度が脆
弱である。このような制度的背景の違いは，多角化企業がインドネシアや
インドなどの開発途上国の経済で成功し，アメリカやイギリスなどの先進
国経済で失敗する原因を明らかにしている。」と述べている。彼らは多角
化企業が海外に進出する際の制度的環境への適応の重要性を主張したが，
企業を取り巻く制度や競争環境とマネジメントの間ではその国境や規模，
産業を問わず，密接に関連づけられていると思われる。

　他方，Schwenk（1988）は，戦略意思決定のプロセスを合理的選択お
よび認知過程，組織過程，政治過程の3つのパースペクティブに分類した。
彼は，戦略意思決定における政治過程パースペクティブの存在を次のよう
に説明する。経営組織が外部の政治圧力や制度などに従属していることと
して政治過程が組織において偏在していることを知っているならば，外部
および内部の政治的諸力のマネジメントを改善するために，どんな示唆が
与えられるであろうか。Pfeffer and Salancik（1978）は，外部依存性や外
部圧力を管理するために，個別企業や企業の集団によって使われる戦略の
例を挙げている。戦略は3つのカテゴリに分けられる。組織相互依存性を
変更すること，組織間行動の共同構造を確立すること，法律や社会的制裁
を通じて相互依存性を統制することの3つである。この中の最後の戦略に
ついて，法律や社会的制裁の利用は典型的には2つの機能の両者かどちら
か一方を含んでいる。⑴選挙活動，⑵政府の意思決定者に影響を与え，世

論を変化させようとする試みを含む政治活動の2つである。何れにせよ戦略意思決定のプロセスにおいて，政治過程パースペクティブの存在は，企業のマネジメントと企業を取り巻く制度とが密接に関係していることを示唆している。

　しかし，上述したいくつかの先行研究では，企業を取り巻く制度とマネジメントとの関係性に注目したが，制度というものを外部圧力的な存在，つまり不変な存在とみなしている。したがって，企業のマネジメントと制度の関係性については，企業そのものが制度に従属する存在であるために，企業みずから制度に働きかける視点や制度と企業マネジメント間の相互作用に関してはあまり強調されていない。しかし，現実問題として，IT，バイオ，部品産業における企業の持続的競争優位を究明するためには，制度と企業マネジメント間相互作用までを分析の視点に入れなければならない[36]。

　各産業における企業の持続的競争優位は制度的要因だけで決まることでもなければ，企業マネジメントそのものだけで決定されるものでもない。

　制度論の根底に流れている大きな潮流は，企業マネジメントを行う際に，企業を取り巻く制度が企業マネジメントの制約条件として働き，企業のマネジメント全般が制度によって左右される，従来の経営戦略分野で言われてきた「環境決定論」に近い議論である。このような企業および組織の構造プロセスが環境に依存するという「環境決定論」的な視点は企業の主体的な行為を見落としている。

　他方，RBVは，Porterの産業構造分析モデル，競争優位モデルでは説明できなかった企業の競争優位創出過程および競争優位の持続性をある程度補完してくれたが，資源や能力（Capabilities）の概念をあまりにも拡張しすぎた面がある。また，異質的で模倣不可能な経営資源の確保が企業の持続的競争優位の源泉になると説明しているが，果してRBVの基本的主

張は常に通用するものなのか。例えば，企業を取り巻く制度がかなりタイトになり，企業の創造的な企業活動が制約される場合でもRBV論者が主張する戦略の本質は変わらないものなのか。

　また，IT，バイオ，部品産業などの場合に，企業の持続的競争優位の源泉ははたしてRBVだけで説明できるのだろうか。こういった産業を取り巻く制度がかなりタイトな場合には，企業のマネジメントが限定され，戦略的資源（Critical Resource）の特質がまだ表面に出ていないため，IT，バイオ，部品産業における企業の持続的競争優位を規定する要因はRBVだけで説明できないのではないだろうか。つまり，企業を取り巻く制度が緩やかになってはじめて，企業のマネジメントをRBVアプローチで説明した方が妥当性を持つのではないだろうか。一般的に，RBVでは企業の有用で，稀少で，完全模倣や代替の不可能な経営資源の保有が競争優位源泉のもとになると説明するが，このような企業の経営資源的優位性はあらゆる制度的変化のなかで常に通用するものではないと思われる。

　したがって，各産業における企業の持続的競争優位の源泉を説明するには，既存の制度論で議論されてきた制度の規制性，規範性，認知性が変遷していくことによって，企業のマネジメントもそれに反応し，変化していく過程を検討する必要があるのではないだろうか。さらには，企業マネジメントの自由裁量権が完全に企業に移転してきたときには，それまでに企業内部に蓄積されてきた戦略的資源の保有が企業生存の成否を左右する重要変数になり，今度は企業を取り巻く制度に対して自ら働きかける立場まで発展していく可能性が存在するのではないだろうか。結局，企業マネジメントと制度との相互作用によって各企業における企業の持続的競争優位が決定される可能性は排除できないのではないだろうか。

■───────

1　Lewin, A. Y. and Volberda, H. W.（1999）

2　Dierickx, I. and Cool, K.（1989）は，資産（Asset）という用語を使っているが，本書では便宜上（用語の統一性を図るため），資産と資源をほぼ同じ意味として捉える。

3　Lewin, A. Y. and Volberda, H. W.（1999）

4　Abernathy, W. J. and Utterback, J. M.（1978）

5　張（1997）

6　制度論に関しては，以下の文献に詳しい。
宮沢（1998），Zucker, L. G.（1988），Carroll G. R.（1988），荒井他（1989），March, J. G. and Johan P. O.（1989）（遠田雄志訳（1994）），山倉（1993），榊原（1995），Eggertsson, T.（1990），Feeney, S.（1997），金子（1997），桑田・田尾（1999）

7　梅棹（1996）

8　Mintzberg, H. Ahlstrand, B. and Lampel, J.（1998）

9　Hannan, M.T. and Freeman, J.（1977），Hannan, M.T. and Freeman, J.（1984）

10　Nelson, R. R. and Winter, S. G.（1982）

11　Geoffrey, M. H.（1988）

12　Mintzberg, H., Ahlstrand, B. and Lampel, J.（1998）

13　寺本義也他（1993）

14　RBVアプローチに関しては，以下の文献に詳しい。
Lippman, S.A. and Rumelt, R.P.（1982），Wernerfelt, B.（1984），Hansen, G. and Wernerfelt, B.（1989），Dierickx, I. and Cool, K.（1989），Prahalad, C.K. and Hamel, G.（1990），Reed, R. and DeFillippi, R. J.（1990），Grant, R.M.（1991），Chatterjee, S. and Birger, W.（1991），Barney, J. B.（1991），Barney, J. B.（1992），Barney, J. B.（1997），Collis, D. J.（1991），Peteraf, M. A.（1993），Bogner, W. C. and Thomas, H.（1994），Collis, D. J. and Montgomery, C. A.（1995），Thomas, H., Sanchez, R., and Heene, A. T.（1996），佐藤（1998），伊藤（2001）

15　金昶燮（2000）

16　Barnard, C. I.（1938），Chandler, A. D., Jr.（1977），Rumelt, R. P.（1974）

17　Teece, D.J., G. Pisano, and Shuen, A.（1991）

18　金泰旭（2000）

19　Wernerfelt, B.（1984）

20　Penrose, E.（1959）

21　Barney, J.B.（1991），Lippman, S.A. and Rumelt, R.P.（1982），Reed, R. and DeFillippi, R. J.（1990）

22　小林（1999）

23　企業の資源は多角化とも非常に強い関連性をもつ。Chatterjee and Wernerfelt

（1991）は，資源を機械設備などの物的資源（physical resource），技術やマーケティングなどの知識資源（knowledge-based resource），内部保有資金や負債などの財務資源（financial resource）の3つの類型で区分するのであれば，物的資源，知識資源と企業外部から調達された財務資源は関連多角化と関係が深く，また企業内部から調達された財務資源は非関連多角化との関連性が強いという研究結果を導出した。

24　Collis, D.J.（1991）
中核能力，組織維力，管理遺産の具体的な内容に関しては以下を参照せよ。
　1．中核能力
　中核能力（Core Capability）とは，競争企業に比べ，特に優れた資源および能力を意味する。即ち，中核能力は特定企業が保有する優越的内部力量であり，競争者とは差別化されると共に，事業成功の核心要因として作用する力を意味する。中核能力はRBVでは特に強調される概念である。
　2．組織能力
　組織能力（Organizational Capability）とは，組織が習得した動態的日常性（Dynamic Routine）としての無形資産を意味する。具体的には，企業の効率性と効果性を持続的に改善し，増進させる経営能力を意味する。一般的に，成功より失敗を繰り返している企業に見られる特徴の1つとして挙げられるのが組織の慣性（Innertia）である。慣性は環境変化に円滑に適応できなくなる要因であり，結果的に非生産的あるいは非合理的な行動様式と日常性とを組織の中に固着させる。これに対して，成功した企業の特徴は，持続的に企業を改善させるうえで外部変化を革新のきっかけとしてとらえる組織能力を保有していることである。組織能力は，進化論的観点（Evolution Perspective）で特に強調される概念である。
　3．管理遺産
　管理遺産（Administrative Heritage）は，無形的遺産と物質的遺産に分けられる。管理遺産は戦略選択において組織の制約条件として主に作用する。なぜならば管理遺産は累積的な性格を持っているために，企業の資産構成を外部環境要因に合わせて直ちに最適化することは難しいためである。無形的遺産は最高経営者のリーダーシップ，ビジョン，組織文化，組織構造などを意味する。また，無形的遺産は戦略を変化させようとする企業の意図的な努力にもかかわらず，戦略変化の速度と方向を制約する惰性として働く場合もある。一方，物質的遺産としては工場の立地，事務施設，通信システム，装備などが挙げられる。初期の工場の立地が後続設備の立地決定へ影響を及ぼすことと同じように，物質的遺産も戦略決定に影響を及ぼす。

25　RBVでは，両モデルの業績（総資産利益率）の予測力を比較している。①では事業の種類，業界の受益率，相対的市場シェア，総資産で測った企業規模といった説明変数が設定されている。他方②では，組織風土が説明変数として設定されて

いる。

26　Hansen, G. and Wernerfelt, B.（1989）

27　Barney, J. B.（1991）, 趙（1997）

28　Barney, J. B.（1997）

29　Teece, D.J., Pisano, G. and Shuen, A.（1997）

30　伊丹（1984）

31　新宅（1994）

32　Tushman, M.L. and O' Reilly III, C.A.（1997）:タッシュマンとオーライリーⅢ世も
　　S曲線とテクノロジー・サイクルに関して類似した議論をしている。

33　青山（1999）

34　比較制度分析に関しては，以下の文献を参照されたい。
　　青木・奥野（1998），Milgrom, P. and Roberts, J.（1992）（奥野他訳（1997）），Wil-
　　liamson, O. E.（1975）（浅沼他訳（1980）），今井他（1982）

35　Mintzberg, H., Ahlstrand, B. and Lampel, J.（1998）

36　企業マネジメントと制度との相互作用に関しては，青山（1999）や金（2000）が既
　　にその基本的なアイディアを提示しているが，本書では，彼らの分析枠組みをさ
　　らに発展させ，企業を取り巻く制度・競争環境と企業のマネジメント（経営資源
　　の動態的展開過程，経営戦略，経営組織）間の相互作用に注目する。

RBVと制度論の統合と
事例分析の妥当性

1 統合的分析枠組みの提示

　本書においては，先行研究の限界を踏まえて，急変する産業をより現実的に分析するために，RBV（Resource Based View）と制度論を用いることにする。既に述べたように，RBVは企業が保有している資源によって戦略が決定されるという論理である。各企業は資源と能力の面で異質であるために，自社が保有している資源によって必要な戦略を選択しなければならないという論理である。RBVは，Porterの5Forcesモデルでは説明できなかった個別企業の経営戦略の差異を探求する作業を補完してくれる。RBVについては資源の分類基準や体系的な理論がまだ確立されていないために批判も多いが，IT，バイオ，部品関連企業をより現実的に分析するための視点をより多面的にする必要があると思われる。

　加えて，本書ではRBVとともに制度論の概念を用いることにする。制度は，広い範囲で様々な学者により定義されてきたが，本書においては，制度の制約性，すなわち社会あるいは企業を規制する機能に注目する。企業のマネジメントと各産業における制度間の相互作用を分析しなければ研究開発型企業行動分析における重要な側面を見落とす結果となってしまうからである。

　すなわち，各企業の保有資源の差による経営戦略の違いを論じるには，各企業あるいは各産業を取り巻く両国政府の存在や政府の産業政策の影響力，業界の慣習，知的所有権など個別企業の企業活動を制約，促進する要因など多くのことに言及しなければならない。制度論では，組織が制度化された環境に埋め込まれているとする。例えば，この理論だけで日韓の産業を分析しようとすると，日韓の産業は両国政府の産業政策や政府の指示に従って動いているだけということになる。しかし，本書においては，制

度論の一部を援用して全体的な枠組み構成に適用するが，全体的な分析の流れが制度論を踏襲したものではないことを明らかにしておきたい。制度，各企業の保有資源の差による資源展開のパターンの違い，経営戦略展開の違い，経営組織形成の違いが存在する。これら各要素は制度，競争環境の変化との相互作用を通じて各機能を果たしているとともに企業成果とも密接な関連性を持つ。

　以上を踏まえて，企業のマネジメントと制度との相互作用を分析するために本書の分析枠組みを構成する主要要素を説明する。

①　経営環境

　企業は様々な制度の制約の中で企業活動を行っている。一般的に，制度は慣習，伝統，因習，規則，法律などを含む概念として理解されているが，制度は様々に定義されてきた。

　North（1990）は，自律的あるいは半自律的な制度の形態を紹介しながら，規則システムと強制システムとが制度の特徴であると述べている。一方，Scott（1995）は制度が異なったレベルで作用すると説明している。Scotto（1995）によれば，制度のレベルにより制度が影響を及ばす範囲も異なってくることになる。

　では，企業を取り巻く制度というものはどういうものなのか。

　ある種の国においては，特に政府の役割が注目される産業分野が存在する。例えば，国家の産業政策の方向性によって，その国で企業活動を行っている個別企業の企業行動は大きく影響される。また，政府そのものも産業全般に影響を及ぼす力をもっている。ここでいう政府そのものの産業への影響とは，産業政策レベルでの議論とは若干性格が異なり，産業再編成，財閥解体など企業の生存を左右する，よりマクロ的な政府の影響力を指す。

　企業のマネジメントを分析する際に，個別企業の能力や事業戦略，経営

組織だけでは個別企業の興亡盛衰の過程を説明しきれない部分が出てくる。結局，その部分に関しては，政府という制度的な要因を用いて説明した方が理解しやすくなる。

　社会秩序を維持する機能を果たす制度は，様々な次元に存在するものの，企業のマネジメントと密接な関連性を持っていることは間違いない。Scott（1995）が提唱した規制的，規範的，認知的制度の次元のなかで注目すべきところは，「個々の制度が別々に作用するのではなく，制度の総体的な組み合わせのなかではじめて完全に作用する」という部分である。このように企業を取り巻く様々な制度が企業マネジメントに多大な影響を及ぼすのではないかと考えられる。従来の環境決定論でよく論じられてきたように，企業マネジメントを制約する要因として制度が挙げられるであろう。

　具体的に本書では，このような制度的要因，特に個別企業にかかわる制度の強度に注目する。即ち，様々な制度の次元の差異と企業マネジメントとの関係性を解明する必要がある。おそらく，この問題は制度と組織間調整や比較制度分析の議論とも関係している。つまり，企業マネジメントに大きな影響を及ぼす要因として，各国の政治および経済体制の存在，ならびに独特な産業特性などを捉える必要がある。

　一方，企業は外に開かれたシステムであり，制度や外部競争環境と不断の相互関係を営んでいる。その制度や外部競争環境は常に変化し，進歩するという性格を持っており，そのために制度や外部競争環境の変化に応じて企業のマネジメントを変更・変革しなければ，企業の存続は困難になる。

　また，今日企業を取り巻く競争環境がめまぐるしく変化するなか，特に技術の変化が激しい産業分野においては，独自技術の蓄積が会社の命運を左右する場合が多い。すなわち，競合他社より新製品やサービスの開発が遅れた企業は，それなりの代価を払わなければならない。

　また，企業のマネジメントは為替レートの変動，貿易摩擦などの国際経済の変化に大きく影響される。また，企業のマネジメントは，各々の企業が参入している産業の特性にも大きく左右される。特定の産業においては，その産業をめぐる周辺産業の影響を非常に受けやすいケースもある。

　近年ではこれらの制度をはじめ，国際競争環境が読めないという不確実性やその構成要素が多様化・複雑化している[1]。したがって，企業マネジメントにおいて従来，与えられた（Given）環境でしか捉えなかった制度や競争環境の変化に対して企業がどう対応していくかが非常に重要な課題であるといえよう。

　しかし，前述した制度や競争環境，産業特性への対応が企業の外に対する受動的姿勢だけを強調するわけではない。企業は企業を取り巻く制度や国際競争環境の変化に対して受動的に対応する存在であると同時に，能動的に働きかける存在でもある。

②　企業マネジメント

　本書では，企業のマネジメントとは，経営戦略と経営組織とで構成されるとみなす。

　以下では，その2つの要素に関して説明する。

②-1　経営戦略

　企業のマネジメントに大きな影響を与える要因の1つとして，経営資源が挙げられる。

　企業の経営資源を具体的にどのように分類するかに関しては決まった原則はない。本書では，経営資源を物的資源，人的資源，情報資源，その他の経営資源の4つの領域[2]に分けて議論する。

　具体的には，最高経営者の戦略的意思（Strategic Intent），資金力，組

織構成員の学習能力，情報収集および把握能力，提携企業などから調達する先進技術，ブランド，特許などの経営資源があげられる。特に本書においては，上述した経営資源のなかでも企業の経営資源展開の根幹となるコア技術に注目する。企業が展開する事業によってコア技術も異なるが，おそらく装置産業のような大規模投資および参入時期が重要視される分野においては資金力と最先端技術の確保，生産および品質管理能力，技術要員がもっとも重要な経営資源であることは間違いない。

　このような経営資源は，経営戦略や，経営組織の策定や形成に大きな影響を及ぼすし，逆に経営組織や戦略の方からも多大な影響を受けながら存在するのである。

　しかし，本書では，上述した経営資源を静態的に止まっている存在ではなく，活発に変化している動態的存在として捉えている。したがって，各企業が各々の経営資源を獲得（Acquisition）し，それを配分（Allocation），活用（Utilization）した後，再び資源を獲得するという一連の過程（経営資源の動態的展開過程）を経営戦略の重要な要素として捉える。

　一方，もう1つの経営戦略の要素としてドメインの定義があげられる。ドメインの定義は，企業戦略決定のために戦略の空間を決定することで，ドメインの定義によって企業の相互作用を行おうとする環境が決定され，企業の事業が定義される。最近ではこのような戦略空間の決定において，伝統的な経済的領域だけではなく，社会的領域まで一緒に定義しようとする動きが感知される（大滝他，1997）。

　他方，最後の経営戦略の要素として競争戦略が存在する。競争戦略はドメインの決定と資源の動態的展開を通じて競争企業に対して有利な地位を確立することを意味する。競争戦略に関する先行研究の例としては，Porterの基本戦略，Kotlerの競争地位の4つの類型などがあげられる。

　さらに，本書では上述した経営資源の動態的展開過程，ドメイン，競争

戦略の 3 要素と経営組織および経営資源とが密接に関連しながら展開して
はじめて，企業マネジメントはうまく機能すると考える（大滝他，1997）。

②-2　経営組織

　企業が様々な組織形態のなかで何を選択するかは，その企業が置かれて
いる状況に左右される。

　例えば，その企業の経営資源や経営戦略に大きく影響される。また，各
企業の異質な経営組織は，経営資源や経営戦略の展開に大きな影響を及ぼ
す。したがって，各企業のマネジメントの異質性を促す大きな要因の 1 つ
として経営組織の存在を無視することはできない。

　周知の通り，経営組織を構成する要素の中には，組織形態（Structure,
Form）など目に見える部分（Visible）と，組織文化，コミュニケーショ
ン，リーダーシップなど目に見えない部分（Invisible）が存在する。こう
いった経営組織の諸要素は，企業マネジメントにおいてともに重要な役割
を果している。

　また，経営組織は固定的，不可変的なものではなく，流動的存在である。
すなわち，各社の異なる経営資源によって特有の経営組織が生成されるか
もしれないし，逆に，独特な経営組織の存在が特有の経営資源を生み出す
促進剤になるかもしれない。

　さらに，従来の議論では，「組織は戦略に従う（Structure follows strat-
egy）」[3] というチャンドラーの命題に従って，経営組織は経営戦略の変化
に大きく影響されるとみなすが，本書においては経営戦略も経営組織の在
り方によって大きく影響されるとみなす。

　また，経営組織は経営資源の動態的展開過程と密接に関連しながら変化
していく。つまり，企業は経営組織の動態的展開過程における最適な経営
組織を自ら形成しなければならないと同時に，経営組織の在り方は経営資

源の動態的展開過程に多大な影響を及ぼす。

③ 成 果

　最終的に企業のマネジメントは，企業が最初に設定した目標の達成，業績，実績という結果に帰着することになる。ただし，企業の競争優位性の獲得をどのように判断するかについて，決まった原則はない。市場占有率（Market Share），売上高，当期純利益，株主資本利益率[4]など企業の実績をどのように評価するかに関しては，様々な議論がある。しかし，本書の目的は，企業のマネジメントと制度および競争環境の変化との間でどのような相互作用が行われ，それが企業の存続や持続的な成長とどのような関連性をもつのかを解明する道具を提示することにある。したがって，各企業のマネジメントと制度および競争環境の変化との相互作用分析を目的に本書は成されている。

[図表 2 - 1] 分析枠組み

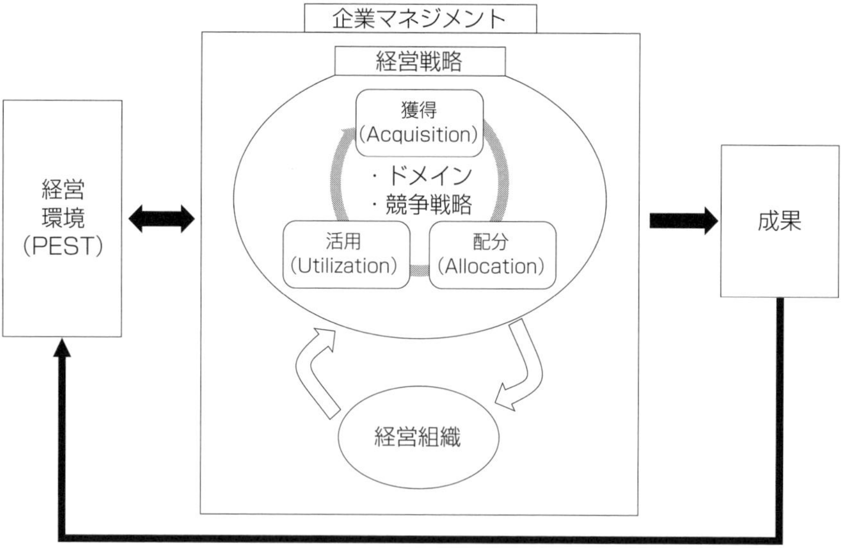

以上の点により，経営環境，企業マネジメント（経営戦略，経営組織），成果の 3 つの関係に注目して**図表 2 - 1**のような分析枠組みを提示する。

2 研究の方法と対象：経営学における比較事例研究（Comparative case studies）の意味

社会を組織する人間は，自分たちと違った社会生活をする他者に対して無関心でいられない。なぜならば，「①異なった道徳や習慣のパターンを選んだ集団はもとの社会に脅威をあたえる。②自分たちの集団の道徳や習慣をある意味で強制的，抑圧的であると感じている人々にとって，異質な生き方はまた魅力に富んだものに映るかもしれない」からである。当該社会への違和感を反映させて相違を考えるというこの一般的傾向には，こうした相違を歪めるという別の傾向が含まれている。しかし，社会生活上の相違を理解する方法を編み出し，それによってこの歪みを克服しようと熱心に努力することも始まった（社会科学，人類学，社会学，政治学，歴史学の分野で比較研究，文化横断的分析，国家横断的分析などとレッテルを貼られている）。

Smelser（1988）は，上記のような努力を次の 3 点から評価しようとする。

① 異なっている社会単位を理解する場合にどんな問題が生じるか。

② いかにしてこうした問題に目を向けようとしてきたのか。

③ どのくらいうまく克服できたのか。

その際，次の 2 つの限定を加えなければならないと言及した。

① 比較社会科学，異なった社会単位に関する研究を，その他の社会科学的研究から独立した別の種類の研究と考えない。

② 「方法論」の概念を，科学的研究の規範的基準との関連で研究活動

[図表2-2] 単純な調査場面

を批判的に評価するという意味で考える。

彼は，トクヴィル，デュルケム，ウェーバーなど，様々な比較研究を批判的に吟味し，自発的な方法論を洗練された経験的測度あるいは調査方法も使っていない研究からその両方を使っている研究へと実例を用いて段階的に考察を進める。

続いて，彼は明らかに異なる社会単位のなかでの経験的諸現象を分類，記述，測定する場合に起こってくる方法論的諸問題を指摘した[5]。

Smelser（1988）は，比較分析における調査状況を単純な調査場面と異なった社会単位を含んだ調査場面に分類した（**図表2-2，2-3**参照）。

コストナーは，調査状況を2つの抽象的変数，XとYとの間の一方向的因果関係として表現した。**図表2-2**に示されているように，調査状況を2つの抽象的変数，XとYとの間の一方向的因果関係として表現した。それに加えて，それぞれの抽象的変数が経験的標識x，yとして表現されている。説明のためにコストナーは，変数と標識とを結び付けている「理論」は単純なものであると想定した。すなわち，「標識は抽象的変数の『反射器』である。つまり，抽象的変数の変化はそれ自身の標識の変化と

なる」。この関係は**図表2-2**の矢印X→xとY→yによって示されている（追加的な特定化されない誤差の原因は小さな斜めの矢印によって表されている）。因果関係モデルを検査する際の普通の手続きは，観察された標識間の相関を判断して，これを抽象的な変数間の相関として考えることである。しかし，この手続きはXとxとの間の相関性とYとyの間の相関性が「＜一致する＞か，さもなければ非常に高くて小さいランダムな誤差だけを被っているにすぎない」ことを想定している。

　一方，Smelser（1988）は，2つの方法でコストナーの単純化したモデルを洗練した。

　第一に，研究している現象が全く異なっている社会単位**図表2-3**のAとBで生じるという仮定を導入することである。それは抽象的な変数の標識がそれぞれの単位で同じ過程から生まれていないことを想定している。あるいは，**図表2-3**が示しているように，X→xAとX→xBまたはY→AyとY→yBとの間に対応が存在しないこともあるということである。

　第二に，**図表2-3**で示した調査モデルの標識ばかりでなく，その他の

［図表2-3］異なった社会単位を含んだ調査場面

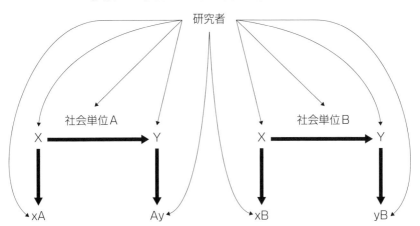

構成要素を生み出している因果過程の一部として，研究者自身を導入することである。研究者は，適切な社会単位や研究すべき一般的変数を同定，選択する際の媒介とみなされなければならないし，さらに，こうした変数のための標識を同定，選択し，時としてこうした変数の標識を生み出すこともある媒介とみなされなければならない。研究者はこうした存在として調査過程の様々な段階で満在的な「操作変数」となっているのであり，研究者の因果上の役割をどんな方法論的議論でも体系的に考慮しなければならない。

　上記のように，理論から仮説を立て，データを収集・分析し，新しい事実を発見することが一般的なリサーチ・プロセスである。しかし，本書では社会科学の分野で経験的研究方法論として定着した定性的分析手法（Qualitative Analysis）を用いることにする。事例研究に代表される定性的研究方法の特徴としては，調査者は単一の研究対象（個人，集団，組織）を集中的に研究すること，多様な方法でデータ収集が行われること（具体的には**図表2-4**を参照），現象は自然な状況で研究され，実験的・

[図表2-4] リサーチ・プロセスの論理的構造

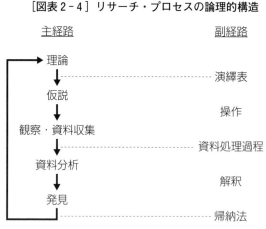

出典：Bryman, A.（1989）p.7より引用

統計的コントロールは行われないこと，仮説検証より仮説発見型の研究に
適していることなどが挙げられる（Stone 1978）。

　Yin（1994）は，事例研究の強みと弱みを6つの具体的な証拠を例示し
ながら提示している。注意すべき点は，ケース・スタディと定性的アプ
ローチは同じ概念ではないということである。ケース・スタディのなかに
も定量的要素が入ってくる可能性があることが**図表2-5**にあげられてい
る。本書では事例研究を中心とした定性的分析手法を主に採用する。

　Stone（1978）は，事例研究の目的を以下のように記述した。すなわち，
彼は，調査者が証拠を提示し，抽象的な理論言語だけでは記述できないよ

[図表2-5] ケース・スタディの6つの証拠源：強みと弱み

証拠源	強み	弱み
文書	安定的，謙虚，正確，広範囲	検索可能性低下，収集が不完全な場合，選択にバイアスがかかる。公表のバイアス・著者のバイアスを反映。 接近―慎重に阻止される可能性
資料記録	同上 正確かつ定量的	同上 Privacyという理由による接近可能性
面接	対象の絞り込み：ケース・スタディのトピックに直接焦点 洞察に富む：認知上の因果推論を提供	問題の構成がよくないために生じるバイアス 反応のバイアス よく思い出せないために生じる不正確さ 再帰性：面接者が聞きたいことを被面接者が答える
直接観察	現実性，文脈の関連	時間がかかる，選択性，再帰性，コスト
参与観察	同上 対人行動とその動機への洞察に富む	同上 研究者が事象を操作するために生じるバイアス
物理的，人工物	文化的特徴や技術的活動への洞察に富む	選択性，利用可能性

出典：Yin, R. K（1994）p. 108より引用

うな概念の説明を行い，例示する。さらに特定手法の用い方を例示し，将来役に立つようなデータの蓄積を行ったうえで，既成の思考様式に対して挑戦し，理論あるいは仮説を確認することが事例研究の目的であると述べた。

ところで，事例研究戦略は一長一短である。

長所としては，①研究対象の複雑性を十分考慮することができる，②データ収集を柔軟に行うことができる，③仮説ならびに洞察を生み出す手段として有用である，④データ収集は自然な状況で行われる，⑤他の調査戦略（実験室実験，フィールド実験，フィールド調査，サンプル調査など）と比べると一般に費用がかからない，などがあげられる。その反面，短所として，①すべての調査戦略のなかで最も体系的でない，②混同変数に対するコントロールを行うことができないから，事例研究のデータから因果的推論をすることはできない，③データ収集が研究対象の状況に対して影響を与える場合がある，④事例研究データを用いて仮説の検証をすることはできない，⑤データの収集，要約，解釈を体系的に行うことができないから，事例研究の結果にはかなりの偏向（バイアス）が含まれる可能性がある，⑥事例研究の結果から一般化を行うことはできない，⑦ 事例研究は他の戦略（実験室実験，フィールド調査など）と比べて時間がかかる，などの弱みも数多くはらんでいる。そこで，調査者は各戦略をよく把握したうえで，複数の調査戦略の統合を図り，一連の研究を実施すべきである[6]。

3 研究の対象

以上，本書の分析枠組みと事例研究の方法と分析対象を概観した。次の章においては，本書の研究開発型企業の概略を紹介したうえで事例の紹介

を行う。

　そもそも研究開発型企業とは何か。河崎（2001）によると，日本では研究開発に力を入れ，独自の技術を持つ企業を研究開発型企業と呼んできた。日本において研究開発型企業はベンチャービジネスとほぼ同様の言葉としてしばしば使用されてきた。

　例えば今井他（1984）は，「独自の技術を企業戦略の中心に置き，豊かな企業者精神をもって事業展開を図る企業」と定義したので，現代的ベンチャー企業とほとんど同じ定義である。一般的に中小企業とベンチャー企業の違いが何かといえば，その企業の革新性にある。規模の大小より企業が行っている経営活動そのものがイノベーティブなのかどうかがポイントになってくる。そもそも大企業と中堅企業と中小企業とベンチャー企業の線引きは簡単な問題ではない。その規模や歴史などでその分類を行っている場合が多いが，たとえ中小規模から脱皮して大規模化しても企業家活動が活発に続いている企業も存在する。また，大企業のなかで社内ベンチャー制度が有効に活用されており，研究開発や新製品開発に特に強みを持っている企業も存在する。

　本書で取り扱う4つの企業はそれぞれその国籍や規模，業種を問わず，その分野において革新的な技術を用いて産業界を先導している企業である。IT強国である韓国において大学発ベンチャーからスタートし，その技術力は優れたものの，マーケティング能力や市場と製品のギャップなどがネックで経営危機を迎えるが，主力製品の発売時期の調整，経営と開発チームの分離や積極的な海外進出で苦境を乗り越えて韓国を代表するIT企業に成長したマークエニー社の事例を紹介する。

　次に登場するセルバイオテックは大企業の研究員と海外留学を経験し，独立してベンチャー企業を設立するが，創業資金に恵まれず自己資金と個人的な借金に依存して切り盛りをして生き残り，その後も政府の研究課題

を遂行したり企業の運転資金になるようなビジネスをしたりしながら本来やりたい仕事を後回しにして生き残り，最終的にはBtoBビジネスからBtoCビジネスまでその事業領域を拡大してきた企業である。

堀場製作所は，京都出身の創業者が設立した研究所が前身で，名門大学出身の創業者が原子核物理研究のために作ったものである。運営費を稼ぐために家電製品の修理と電気製品の開発を並行して行った。徐々にその事業領域を食品工場の必需品である酸性度測定器開発へ向け，のちに会社の成長エンジンとなった。現在ではその中核技術をベースに半導体，自動車，環境，医学などの分野において分析・計測機器を製造販売する世界トップのメーカーにまで成長した。

ツバキ・ナカシマは奈良県出身の創業者が鋼球の生産販売を始めて以来，その規模を全国的に拡張させ，現在は世界中にその拠点を拡大してきている。その事業分野は自転車から自動車，EVに至るまで関連型事業拡張ではあるが，地域的，分野別に順調に成長させてきた。特に上場企業や海外企業とのM&Aを通じた事業拡大は著しく，中小中堅企業の成長戦略としてバーゲルマン（1994）[7]が強調していた強い関連性を持つ重要な事業においてはM&Aなど直接統合の方が成長のために有効な手段であるという事実を裏付けている。

以下，4つの会社が属している業界の特性を簡略に紹介したうえで事例分析を行う。

---

1 城戸（1996）
2 経営資源の具体的な内容については以下を参照せよ。
　1．人的資源
　　企業マネジメントを考える際に，良質の労働力確保が事業戦略策定のキーファクターとなる。ある国の産業においては経営資源となるものが，他の国や産業においては負の経営資源になる場合もある。例えば，産業構造が高度化していくにつれ，

労働集約型産業から知識基盤産業へシフトした際に，既存の良質で低賃金の労働者が優秀な人材として存続することはあり得ないことである。時代の変化に伴い，求められる人的資源も変化するのである。

　一方，人的資源は最高経営者の戦略的意思（strategic intent）も含む概念である。特に権威主義型政府形態の国においては，最高経営者のビジョンと戦略的意思が持続的な投資，技術開発を可能とさせる源泉になっている。

2．物的資源

　工場の規模，研究設備，固定資産の用途転換可能性，資本設備の寿命，固定資産の再販売価値，資本支出に対する現金保有比率，信用等級，負債/資本比率，資金動員力などを含む概念である。本書では特に企業が保有する固定資産と資金動員力に注目している。

3．情報資源

　知的所有権（特許権，著作権など），企業秘密等の独占技術およびノウハウなど，専門技術を包括する技術資源，技術革新資源を含む概念である。特に技術集約型産業においては，各企業の独自なR&D（研究開発）能力が求められる。また，急変する制度や国際競争環境の変化を勘案すれば，情報獲得能力も重要な経営資源となる。

4．その他の経営資源

　上述した経営資源以外にも重要な経営資源は多数存在する。例えば，資源与件である。資源与件を個別企業がおかれている環境と捉える発想もあり得るが，資源与件のなかには人間の意志によってコントロールできる部分があるため，資源与件（例えば，気候，地震などの資源環境を人間が変えることはできないが，工場の位置選定の際に，工場に最適な環境を選ぶことはできる）も企業の経営資源の一部に含めて考えることにする。次に，その他の経営資源として，流通および営業能力，ブランドイメージ，交通利便性，関連企業群の集中度，制度的な支援などが挙げられる。流通および営業能力は人的資源，情報資源とも分類しきれない部分があるが，産業によっては営業特有の流通，営業ネットワークを要するため，本書では，既存の資源概念と分類して考察することにする。また，サプライヤーに対するブランドイメージは各社の事業戦略策定に大いに関係している。最後に，政府の公害に対する規制や行政サービス，税制，金融面での支援は，産業発展に大きな影響を及ぼす。

3　桑田・田尾（1999），Galbraith, J. R. and Nathanson, D.（1978）

4　（当期利益÷期首期末の株主資本平均値）×100で算出

5　Smelser, N. J.（1988）

6　Yin, R. K.（1994）

7　Burgelman, R. A. and Maidique, M. A.（1987）

第 **3** 章

日韓研究開発型企業の発展と事例

1 事例分析1 （IT）：株式会社MarkAny

(1) IT産業の紹介

　約3兆8000億ドル[1]。この莫大な額の数字が表すものは2019年の世界IT支出額である。パソコンやスマートフォンなどの情報技術の総称を意味するITは今や世界で最も成長している産業の1つであるといっても過言ではない。本節ではIT産業の中でもデジタル著作権管理（以下，DRM）や電子透かし（以下，WM：ウォーターマーキング技術）市場に関わる企業を紹介する。そこで，まずはIT技術の発展の歴史の中で2つの市場がどのように形成されてきたのかをみてみることとする。

　IT業界が本格的に形成されたのはハードウェアが登場した1950年代以降である。1980年代になるとソフトウェアを開発する企業が登場し，1990年代にはインターネットが普及し始めた。同時期にUSBメモリや高額メディアなど外部機器が大容量化された。また，パソコンとWindowsが普及し，インターネットが全国に構築され小学校からパソコンの授業が開設されるほどIT技術へのアクセスが容易になっていった。こうした情報通信技術の発展とともに音楽や画像，動画などのデジタルコンテンツの入手が容易になった。すると，デジタルコンテンツをコピーされないように暗号化する技術や追跡できる技術が必要となった。つまり，既存のアナログ時代にはなかったIT技術の発達による情報保安の問題が浮上したのである。こうした背景のもと，不正コピーへの対策としてDRM技術が開発され市場が形成されるようになった。

　1990年代後半にはデジタルコンテンツに電子透かしを入れることでそのコンテンツの不正利用を防ぐWM技術が開発された。この技術が開発され

て間もない頃は市場が未熟であったため利用されることは稀であったが，2000年代半ば頃からWM市場は成長傾向にあった。これはインターネットの通信速度が上がり，SNSや動画配信サービスが普及するなどインターネット関連企業が急速な成長を見せた半面，現実ではソフトウェアおよびコンテンツの違法なコピーなど著作権被害が急激に広がり社会問題へと発展してしまっていたことに起因しているだろう。

　IT産業，とりわけDRMやWM市場においてその産業的特徴をまとめると，①製品やサービスの種類が非常に多い，②IT技術の高まりとその普及に伴う問題への解決策であるということだ。まず，多種多様なデジタルコンテンツに用いられるため，DRM技術やWM技術を活用した製品や技術を用いて提供されるサービスの種類が多いことは容易に想像がつく。単純に市場を１つとみなすことが困難であり，その市場規模を推計することも難しい。次に市場が形成された背景が特殊であることは特徴的であるといえる。IT技術が発展しインターネット関連企業が急成長したことは既述の通りである。しかし，そうした情報社会の進展に伴いデジタルコンテンツの不正利用・不正複製問題が深刻化し，関連企業は自社の著作権を守る解決策としてDRM技術やWM技術を導入し市場が成長したという経緯がある。

　IT産業においては今後，人工知能化や５Gによる超高速・大容量通信によってますますIoTの実用化が進み他業界との融合から生み出される可能性は未知数である。デジタルコンテンツ保護事業は今後もIT技術の発展に伴って新たな問題が発生するたびにデジタルコンテンツを守る必要性が増し，市場としての成長が見込めるだろう。

⑵　MarkAnyの事例紹介

　株式会社MarkAny（以下，マークエニー社）は，1999年２月13日，韓

[図表3-1-1] MarkAny社の会社概要

社名	株式会社MarkAny
代表取締役	崔種旭（チェ・ジョンウク）
資本金	29億7556万6千ウォン
所在地	ソウル市中区退渓路286
社員数	144名
会社構成	㈱DAGO IT（韓国） PT DAGO IT（インドネシア）
事業分野	デジタルコンテンツの著作権保護・電子文書の偽造防止・ウォーターマークアプリケーション事業
産業資産状況 （特許）	国内出願 185件，登録 109件 （ウォーターマーキング 78件，コンテンツ管理 28件，文書保安 18件，偽・変造防止 26件，その他 35件） 海外出願 146件，登録 43件 （ウォーターマーキング 68件，コンテンツ管理 7件，文書保安 14件，偽・変造防止 10件，その他 47件） ※2019年11月基準

出典：MarkAnyホームページから筆者修正

　国尚明大学の研究室が中心となって3人が創業した大学発ベンチャー（韓国では教授ベンチャーともいう）企業である。当時12名の研究室の学生と共に開発したデジタルウォーターマーキング技術が国家優秀新技術として選定された同社は，「デジタル信頼社会の構築」に不可欠な技術を供給する技術中心の企業（技術先導型企業）である。

　同社は創業以来，持続的な技術革新と先駆的な市場開拓を通じて，現在はCCTVセキュリティ，DRM，偽・変造防止，マルチメディアコンテンツ保護の4つを中心に事業を展開しており，CCTVセキュリティ市場では韓国市場の約70%で1位を，DRM市場では25.5%で2位を，偽・変造防止分野では約70%で1位を占めている。また，マルチメディアコンテンツ

[図表3-1-2] MarkAny社の会社沿革

2018.08	韓国インターネット振興院から知能型CCTVソリューション認証獲得
2016.11	MDM（Mobile Device Management）技術開発成果により，未来創造科学部長官賞受賞
2015.02	全国179市郡区の自治体にDB接近コントロールシステム構築及び電子政府標準フレームワーク交換性認証獲得
2012.03	世界初オープンウェブ支援　偽・変造防止ソリューション開発
2011.06	ドバイ最高裁判所へ電子公証ソリューション構築
2010.05	国税庁の電子文書保安システム構築事業選定
2008.01	産業資源部から世界一流商品認証獲得（インターネット証明書発行ソリューション）
2005.02	本年の情報通信中小企業賞受賞（最優秀賞）
2000.09	優秀ベンチャー企業選定
1999.02	株式会社MarkAny社設立

出典：MarkAnyホームページから筆者修正

保護市場においては，ウォーターマーキング技術を独自で開発し保有している世界の3つの会社の中の1つであり，自社のウォーターマーキング技術の売上の海外比重は約90％以上である。

　マークエニー社の事業構造は，E-DRM技術，偽・変造防止技術，デジタルウォーターマーキング技術，ブロックチェーン技術の4つのコア技術を中心に各事業部門別に事業展開を実施している。また，4つの技術を基に，ソリューション事業部（文書セキュリティーソリューション事業部，モバイル保安ソリューション事業部，偽・変造防止ソリューション事業部，CCTV保安ソリューション事業部，コンテンツソリューション事業部）と経営支援部，技術支援，マーケティングの組織構造を構成し，活発な経営活動を行っている。本節では，マークエニー社が創業以来，どのように発展したかについて提示したフレームワークに基づいて，4つのフェーズに

[図表 3 - 1 - 3] MarkAny社の事業構造

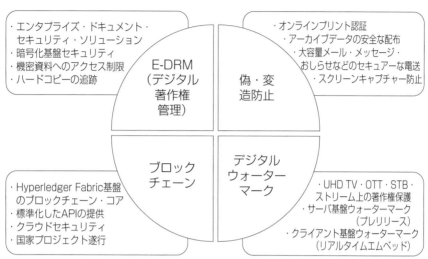

・エンタプライズ・ドキュメント・
　セキュリティ・ソリューション
・暗号化基盤セキュリティ
・機密資料へのアクセス制限
・ハードコピーの追跡

E-DRM
（デジタル
著作権
管理）

偽・変
造防止

・オンラインプリント認証
・アーカイブデータの安全な配布
・大容量メール・メッセージ・
　おしらせなどのセキュアーな電送
・スクリーンキャプチャー防止

ブロック
チェーン

デジタル
ウォーター
マーク

・Hyperledger Fabric基盤
　のブロックチェーン・コア
・標準化したAPIの提供
・クラウドセキュリティ
・国家プロジェクト遂行

・UHD TV・OTT・STB・
　ストリーム上の著作権保護
・サーバ基盤ウォーターマーク
　　　　（プレリリース）
・クライアント基盤ウォーターマーク
　　（リアルタイムエムベッド）

出典：MarkAny社ホームページを基に筆者修正

分けて事例分析を行う。

(3)　生成期（1999年〜2004年）

①　経営環境と企業のマネジメントとの関係

　1995年12月に社団法人ベンチャー企業協会の誕生，1996年7月のベンチャー企業への投資を活性化するためのKOSDAQ[2]市場の設立，1997年8月のベンチャー企業育成の法的基礎を固めた「ベンチャー企業育成に関する特別措置法」の制定など，1995年から1998年にかけて韓国のベンチャー創業の土台を築く時期であった。しかし，2000年に世界的なITバブルの崩壊の影響により，KOSDAQは急落し，韓国のベンチャー産業は短い歴史の終末に向かおうとした。しかし，バブルの崩壊以来，韓国のベンチャー産業は体質の変化と競争力を持つ新たなベンチャー企業の参入などにより，部分的に活力を取り戻した（金，2012）。

　一方，技術的にはパーソナルコンピューターとWindowsの普及，そしてインターネットが全国的に構築され，小学校からパソコンの授業が開設されるなど，IT技術へのアクセスが簡単になった。そのような社会的な雰囲気の中で，IMF危機[3]を乗り越える切り札として挙げられたのがベンチャー企業であった。その理由は，IMF危機の影響により発生した高学力の失業者（失業率8.8％，若者失業率12.2％）をベンチャー企業の育成を通じて吸収するとともに，韓国の経済体質を財閥中心から中小企業へと変換するためである。つまり，ベンチャー創造は社会的な問題を解決してくれる手段として期待されていたのである。

　さらに，1998年9月1日に「大学1実験室1創業（Lab-Venture）」キャンペーンがソウル大学から始まった。このキャンペーンはベンチャー企業協会と全国工科大学協議会，中小企業振興公団，技術信用保証基金，毎日経済新聞社が共同で推進し，修士・博士レベルの高級技術人材の70％以上を保有している大学の教授と研究員が直接ベンチャー企業の創業に乗り出す背景を助成するための運動であった。

　マークエニー社の創業者である崔ジョンウク代表取締役は，1988年にアメリカのUniversity of South Californiaで博士号を取得し，韓国科学技術研究院（KIST）の研究室長として就任した。その後，教鞭をとることになり，1991年から尚明大学のソフトウェア学部の教授として勤務しながらウォーターマーキング技術（以下，WM技術）についての論文を読み，興味を持つようになった。そして，1997年に韓国科学財団からのプロジェクトの支援（1200万ウォン）を得てWM技術を開発した。WM技術とは，音楽，写真，動画等のデジタルコンテンツデータに，コピーを防止する信号やコンテンツ管理のための著作権データを埋め込む，データの除去・改ざんを防止する技術である。WM技術の可能性を発見した当時のことについて崔代表取締役は次のように語っている。

[図表 3 - 1 - 4] 2004年以前のMarkAny社の経営環境（PEST）
の変化，経営戦略，経営組織

区　分		内　　容
経営環境	社会的	● 失業者の増加による社会問題が台頭 ● 大学進学率の増加➡高学力者の増加 ● ITに対する社会的な関心度が高い
	技術的	● アナログからデジタル社会への変化 ● PCとインターネットの普及 ● デジタル情報の保安の重要性が浮上
	経済的	● IMF危機による大量失業（1998年） ● 高学力者の失業者の増加 ● 経済構造の変化（財閥から中小企業へ） ● KOSDAQ市場の設立 ● ベンチャーバブルの崩壊と再跳躍（2000年）
	政治・法的	● ベンチャー企業育成に関する特別措置法 ● ベンチャー企業への支援政策の具体化（兵役特例，教授評価制度等）
経営戦略		①戦略的意図に基づくコア資源の獲得 　● 3回に渡る投資誘致 　● ウォーターマーキング技術の開発 ②経営資源の配分・活用 　● ウォーターマーキング技術からDRMへ転換 　● 文書，オンライン文書保安事業展開
経営組織		①研究開発中心 　● 開発，設置，維持を担当（営業は協力会社が担当） ②製品別事業組織➡事業部門別組織

　「私が90年代末に当時の行政自治部の電子政府委員として活動しながらいつか行政書類をインターネットで発行する必要があると思って開発した技術でした。」

　しかし，思ったよりWM市場が成熟していなかったため，2001年3月にWM技術をベースとしたDRM（Digital Right Management）にビジネス

を転換し，文書保安市場を開拓，そしてインターネット証明書発行技術を開発した。例えば，納税証明書や戸籍謄本などの証明書をインターネットで発行し，その書類の原本性を保証する技術であり，世界初の電子政府システムであった。

また，既存の文書関連DRMだけではなく，MDプレーヤー・MP３プレーヤーなどの携帯音楽機器への音源のコピーと不法流通の問題を防ぐため，音楽サイトから音楽をダウンロードし，そのファイルを第三者に譲渡することができないように音楽の著作権侵害を防ぐか，または追跡することができるオーディオ透かし（DRM）技術も開発した。

つまり，既存のアナログ時代にはなかったIT技術の発達による情報保安の問題が浮かび上がる時代へと転換する時期であり，情報漏れを防ぐための様々な技術が登場する時代になったと言えるだろう。このように，技術が市場ニーズとの大きなギャップに直面した場合，まずは関連技術でより適用しやすいニーズに応えることで市場参入をはかり，本命の事業開発の可能性を高めるという柔軟な技術戦略を「技術のパスファインディング（事業化経路発見）」であると金井（2010）は定義した。この時期に大学から大学発ベンチャーを創業し，ビジネス展開を行ったことについて崔代表取締役は次のように語っている。

「まず，このビジネスは韓国政府の積極的な支援がその背景にあり，他のビジネスに比べて初期資本があまりかからなかったことと，技術そのものが優れていて各種投資機関からの資金調達に成功したところにその鍵があると思います。」

つまり，同社が所有していた技術が技術そのものの応用可能性が高く，これら技術により本格的に事業展開するための様々な経営資源を獲得した時期である。

しかし，起業当初，同社のビジネスは学生ベンチャービジネスの性質が

強かった。事業計画も現役の学生たちが策定してビジネスを推進していた。初代の社長も現在の崔代表取締役ではなく，韓国の延世大学の学生であった。しかし，2000年1月に制作発表会を開き，そこでウォーターマーキング技術の可能性を確認した三星電子から10億ウォンの投資を誘致（1次投資誘致）してから学生出身の経営陣は急激なビジネスの拡大に恐れをなして，辞任してしまった。その後，崔代表取締役が大学の先生から社長に就任することになった。はじめは，崔代表取締役も1週間に2回ほど出社して手伝う程度の消極的な姿勢だった。

　そのような消極的な事業参加は崔代表取締役だけではなく，当時の多くの大学発ベンチャーの問題点であった。その理由は，第一に，ベンチャー企業の創業は教授の実績評価に反映されなかったことが挙げられる。論文やプロジェクトの遂行実績，特許取得などは評価されたが，創業は評価対象から除外された。この問題については，当時の規制改革委員会の委員でもあった李ミンファ・ベンチャー企業協会会長の意見によって創業実績も教授の評価に反映されはじめ，韓国政府も大学と研究所を評価する際に創業実績を考慮するようになった。第二は，行政の規制が問題であった。大学発ベンチャーの場合，管轄の税務署に事業者登録をすることが難しかった。学校と研究所の実験室内の機関長の推薦がある場合のみ登録ができた。第三は，資金調達が順調ではなかったことが挙げられる。大学発ベンチャーは完成品ではなく，アイディアのレベルがほとんどであった。よって，創業ファンドを準備するのも簡単ではなかった。第四は，兵役問題が人材確保の大きな足かせとなったことである。兵役問題を解決するために既に兵役特例中である博士後期課程の専門研究員の創業を許容し，大学発ベンチャー関連大会の入賞者が創業する場合には社長や研究員に対する兵役特例が必要であった。この問題は2000年から大学の教授や研究員が創業する企業に勤務する博士後期課程の大学院生に対する兵役特例を適用する

形で解決された。最後に，国・公立大学や研究機関の研究者のベンチャー企業での兼職の許容が一番大きな問題だった。私立大学の場合，ベンチャー企業との兼職を許容するが，国・公立大学の教授は国家公務員法の兼職禁止条項により創業活動が制限された。しかし，「ベンチャー企業育成に関する特別措置法（1994）」の制定により，兼職が許与されるようになった。

このようなベンチャーの創業が厳しい状況の中で，崔代表取締役は，国際技術コンテスト（SDMI）に多くの資金を注ぎ込んだために資金難に陥り，結局，三星電子に助けを求めることとなった。三星電子に求めた資金援助額は約30億ウォン（2次投資誘致）で，普通のベンチャー企業ならばこのくらいの資金圧迫には耐えきれず倒産してしまうところだが，資金調達に成功し，この危機を乗り越えることができた。また，ITX（現，株式会社ノジマのグループ会社）から93億ウォンの投資を誘致（3次投資誘致）するなど，人・物・金・情報という経営資源の中でベンチャー企業にとって一番乏しいともいえる金をベンチャー企業がどのように調達していたかを見せてくれる実例である。

一方，当時のマークエニーは，技術研究・開発を中心に組織を構成し，協力会社は設置と維持・補修，そして営業に力を入れるように役割分担が行われた。2004年5月まで協力会社が営業を担当し，同社は開発，設置，維持の100％を担当したが，2004年6月からは協力会社に設置と維持・補修の30％を任せることにした（2004年基準で協力会社3社）。

同社は技術開発に全力を注いでいくための努力を重ねた。2004年からは研究開発組織を優秀なエンジニアたちで構成し，技術委員会を作ってエンジニアたちをトップマネジメントの意思決定過程に参加させた。事業部の組織を開発エンジニア，技術支援，コンサルティング，営業分野に細分化した。また，開発エンジニアは最も優秀な技術者に担当させ，コンサル

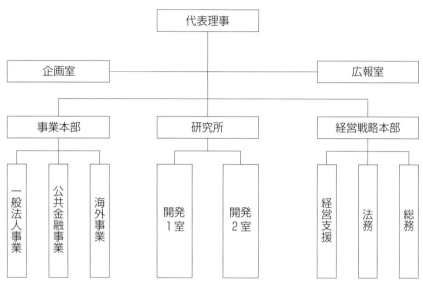

[図表 3 − 1 − 5] 2004年のMarkAny社の組織図

出所：MarkAny社の資料から筆者修正

ティングと技術支援，営業分野は顧客志向的なマインドと誠実さ溢れる職員を積極的に投入するように努力した。同じ事業室においても業務領域により各々違う性格と努力が必要になってくるからである。このように同社は独自の技術開発を担当し，外部の協力会社が設置，営業，維持・補修を担当するという二重の組織構造が特徴的である。

図表 3 − 1 − 5の組織図からわかるように同社の組織は大きく事業本部と研究所，経営戦略本部とで構成され，事業本部は一般法人事業，公共金融事業，海外事業に分かれていた。創業時から2004年までは製品別事業組織をとっていたが，事業の好不況時に起きる人材移動の柔軟性（Flexibility）の問題が原因で事業部門別組織に転換した。

② 企業マネジメントと成果との関係

マークエニー社は2000〜2001年にWM技術で投資を誘致したが，同市場が2006年までは形成されないと判断し，DRM技術とオンライン文書発行技術を代替策として開発した。しかし，これらの関連市場もそれほど伸びず，2003年になってから１〜２つのソリューションを売り始めた。その理由の１つは，低価格受注の問題であった。同社も政府機関のソフトウェアソリューション供給市場で同じことを経験し，発注機関の予定価格が１億5000万ウォンの大型プロジェクトが低価格受注により１億ウォン未満まで下がり，最終的には3000万ウォンまで下がったと話した。

その結果，2002年１月の事業目標が５月になってやっと事業実績に反映されてしまい錯視現象を経験し，2002年７月に95名の社員を31名まで減らす大規模な人員削減を行わざるを得なかった。しかし，2004年から文書保安市場が爆発的に成長して2004年には売上が100億ウォンを達成し，初めて７億ウォンの黒字経営に転換することができた。

また，技術の開発段階から国際標準化活動（SDMI, CPTWG, STEP2000, STEP2001）を行い，世界的にマークエニー社の技術力が認められ，当時100件以上の特許を申請・登録していた。2001年にはマークエニー・ジャパンを設立し，持続的な市場開拓と現地化を推進してきた結果，NTTグループ，Panasonicに文書保安ソリューションを供給することになり，本格的に海外市場を開拓した。

(4) 形成期（2005年〜2008年）

① 経営環境と企業のマネジメントとの関係

2005年頃のベンチャーに対する社会的な認識は良くなかったと言える。その理由としてはいくつか挙げられるが，まず，2000年初頭のナスダックバブルの崩壊により，全世界的に「ベンチャー＝バブル」という認識が広

[図表 3 - 1 - 6] 2005年～2008年のマークエニー社の経営環境（PEST）
の変化，経営戦略，経営組織

区　分		内　　容
経営環境	社会的	●反ベンチャー主義
	技術的	●ADSLの普及，VDSLの登場 ●DMB時代がスタート(2005) ●デジタルコンテンツへの著作権被害
	経済的	●KOSDAQ市場の活性化 ●FoF(Fund of Funds，母胎ファンド) ●ベンチャーキャピタルの支援
	政治・法的	●「ベンチャー活性化のための金融・税制支援法案」，「ベンチャー活性化法案対策」の発表
経営戦略		①戦略的意図に基づくコア資源の獲得 　●ウォーターマーキング市場の浮上，Digimarc社とのクロスライセンス 　●DRM技術の改善 　●外部からの人材確保 ②経営資源の配分・活用 　●海外進出，現地法人設立 　●営業と技術開発の分離 　●GS認証獲得
経営組織		●事業部門の変化（専門経営者体制）

がった。次に，韓国国内では，当時の政権の疑惑の多くがベンチャー企業家と名乗った人との関わりで，ベンチャー企業へ投資をして損をした人が多かったこともあった。

　一方，IMF危機は克服したが，国内の経済が活性化していないことに悩んだ韓国政府はベンチャー活性化を通じて経済に活力を与えるために様々な政策を実施した。その政策とは，ベンチャーキャピタルの支援，ベンチャー企業の成長支援，KOSDAQ市場の活性化であった。この3つの政

策は「ハイリスク・ハイリターン」のベンチャー企業の本質を活かせる土台を拡大する方向として，ベンチャー企業の成長に合わせたインフラと資本市場の役割構築に重点を置いた。特に，ベンチャー企業の成長過程を，①創業段階，②成長段階，③成熟およびリストラクチュアリング段階に細分化し，各段階に合う支援策を実施した。また，「ベンチャー活性化のための金融・税制支援法案」と「ベンチャー活性化法案対策」を基に母胎ファンド（FoF：Fund of Funds）を中小企業庁中心に出資・運用することにより，政府が直接的に個別企業に投資するのではなく，中小・ベンチャー企業への投資を目的とする各種ファンドに投資する形で，安定的な投資資源の供給体制を備え，民間の専門家で構成された投資管理専門機関の体系的な管理により投資がより活性化できる環境を作った。

　インターネットの場合，韓国で世界初のADSL技術が常用化され，全国的にネット網が設置されるようになり，ADSLより発展したVDSLの登場以降，インターネット関連企業が急成長することになった。しかし，同時にソフトウェアおよびコンテンツの違法コピーなど著作権被害が急激に広がり，社会的な問題として台頭し，多くのソフトウェアおよびコンテンツ関連企業は，自社の著作権を保護するため様々な解決策を探していた。

　このような経営環境の変化の中で，マークエニー社は2004年に黒字に転換して以降，本格的な経営活動を始めたが，学校の教職を兼任した崔代表取締役は，組織の変化および自身の技術開発への専念のため，LG CNSと現代情報技術の営業担当本部長を務め，2004年3月に合流したユ・ヒョサム副社長を代表取締役社長に昇進させ，崔代表取締役は技術開発部門を担当した。

　このような役割分担について，ドラッカー（2002）は創業者である企業家が自分の役割と責任，仕事の範囲，そして他人との関係などについて決定しなければならないと主張している。つまり，創業者は企業が一定の軌

道に乗ると，企業をより成長させるためには創業者の能力と限界について把握しなければならない。そして，足りない部分については外部の専門経営者をスカウトすることで，資源を効率的に活用できるようになる。

　ユ社長は，マークエニー社の現在の主力技術であるDRM事業を拡大させるために国内だけではなく，海外にも積極的に進出した。その結果，2001年に設立したマークエニー・ジャパンに続いて，2005年にはマークエニー・チャイナを設立し，中国公安部コンピューターシステム安全専門製品販売許可を取得，タイではUCOM GroupにDRMソリューションを供給することによって，グローバル市場での競争力を確認した。

　国内での競争力も強化し，中小企業産業保安技術開発事業者に選定され，韓国国家情報院から保安性システム適合性検証を獲得したDocument SAFERと e -Page SAFERを発売，韓国産業資源部から世界一流商品認証を獲得するなど，既存のDRM技術を取引先のニーズに合わせて改善していた。また，マークエニー社のコア技術であるWM市場が，2005年からのDMB（Digital Multimedia Broadcasting，携帯向けデジタル放送）の始まりと米国のDigimarc社との相互特許使用権（クロスライセンス）の共同使用の締結などにより拡大し始める。このように形成期では，WM市場の成長により，マークエニー社がDRM技術だけではなく，自社のコア資源であったWM技術も活かせる時期が始まったと言える。

②　企業マネジメントと成果との関係

　WM市場が本格的に始まり，マークエニー社はより積極的な企業活動を行った。Digimarc社とのクロスライセンスは海外進出の足掛かりとなり，マークエニー社は米国，ヨーロッパ，韓国などで保有した約500件の特許を使えるようになった。その結果，本格的な海外進出を行った2008年には，米国のMSI（Media Science International）とWM技術を活かしたオーディ

オ著作権保護およびラジオ広告放送モニタリングソリューションの供給契約を100万ドルで締結し，その他にもYangaroo，Overdriveなどとも総額150万ドルの著作権保護ソリューションを締結した。著作権保護ソリューションの年間ライセンスは米国市場への供給が30％となった。また，国内でも大型DRMプロジェクトおよび電子政府事業関連プロジェクトを受注し，国内外での市場シェアを増やしている。これにより，マークエニー社は，2003年に31名まで減った社員数を2008年には98名まで増やし，売上も2004年に100億ウォンを突破して以来，2008年には109億ウォンの売上を達成した。

(5)　第一成長期（2009年～2012年）

①　経営環境と企業のマネジメントとの関係

　2008年のリーマン・ショックはグローバル資本主義史上最大の事件であった。その影響により世界の経済は大不況を経験した。米国がくしゃみをすると韓国の経済は風邪をひくと言うほど，韓国の経済はグローバル環境に影響されやすい国である。その影響はベンチャー業界にも及び，ベンチャー企業にとっては投資の誘致が厳しい状況となった。

　韓国政府はベンチャー企業を保護し，この危機を乗り越えるために，2007年末に満了する「ベンチャー企業育成に関する特別措置法」の10年延長を推進し，ベンチャー企業への投資財源を拡充するために新技術事業投資組合をFoFの出資対象に追加した。また，M＆Aの関連制度も大幅に緩和させ，ベンチャー企業の退出と競争力を強化させた。続いて，2009年12月からは「第2期ベンチャー企業育成対策」を実施した。その対策とは，2000年代の第1次ベンチャーブームが情報技術（IT）に集中したが，2期にはIT技術と他分野の融合など新産業ベンチャーを新たな成長動力にするために，FoFと民間のファンドを2010年に1兆ウォン，2011年に

[図表 3 - 1 - 7] 2009年～2012年のマークエニー社の経営環境（PEST）
の変化，経営戦略，経営組織

区　分		内　容
経営環境	社会的	●ベンチャー企業の海外進出
	技術的	●光ファイバーの普及 ●モバイル機器の発展(スマートフォンの登場・普及)
	経済的	●リーマン・ショックによる大不況 ●ベンチャー企業の資本調達が厳しくなる➡FoFの活躍
	政治・ 法的	●ベンチャー企業育成に関する特別装置法の延長 ●M&A関連要件を緩和 ●第2期ベンチャー企業育成対策
経営戦略		①戦略的意図に基づくコア資源の獲得 　●外部からの人材確保（営業担当） ②経営資源の配分・活用 　●既存の海外事業本部，海外法人➡独立法人化 　（マークエニー・インターナショナル） 　●CCTV用アルゴリズムの開発・常用化
経営組織		●海外事業本部の強化 ●U-Biz本部の設置 ●崔代表取締役の復帰

　1兆2千億ウォン，2012年に1兆3千億ウォンと総額3兆5千億ウォン規模で助成することであった。

　一方，当時の韓国のベンチャー企業のほとんどが内需に依存する構造を持っており，グローバル企業として成長できない限界を抱えていた。ベンチャー企業の数は継続的に増えてきたが，全体の輸出に占めるシェアはむしろ減少傾向にあった。2005年に3.6％だったベンチャー企業の輸出比率は2006年に3.4％，2008年には3.1％まで落ちた。当時の中小企業庁がベンチャー企業の国際化段階別経営特性を分析した資料によると，全体の企業の中で63％に至る企業が輸出や海外進出をしていない完全内需型企業であ

り，直接進出ではなく，海外輸出だけをしている単純輸出型企業も22.1％
であり，ベンチャー企業の国際化の水準が高くないと分析された。

　このような雰囲気の中で，危機に追い込まれたベンチャー業界を元に戻
し，海外進出を支援するために，ベンチャー産業協会を中心にグローバル
中堅ベンチャーフォーラムが発足するなど，ベンチャー企業の海外進出に
関する様々な動きが始まった。

　一方，光ファイバー網の普及とiPhoneをはじめとするスマートフォンの
普及は，企業の業務環境に大きな変革を起こした。勤務環境の変化は，よ
り情報保安への需要につながり，多くの企業では，自社の情報を守り，安
全かつ迅速に使えるようなソリューションを要求することになった。

　このような，急速な経営環境の変化に対応するために，マークエニー社
ではソウル大学を卒業し，現代建設，韓国IBMの常務，LG IBMの代表取

[図表3-1-8] 2009年のマークエニー社の組織図

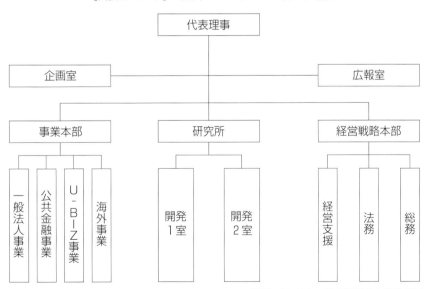

出所：MarkAny社の資料から筆者修正

締役，Kosteelの代表取締役，韓国レノボの代表取締役を経て2008年から
マークエニー社の常任顧問役であったイ・ゼジョン氏が社長に就任した。

　イ社長の就任後，輸出比率の引上げ，事業競争力と収益性の強化を経営
目標とし，組織を企業事業本部，公共金融事業本部，海外事業本部の３つ
の組織に改編した。続いて既存の一般法人事業本部内のコンテンツ保安事
業部を戦略的な新事業として拡大させるため，u-Biz事業本部に昇格させ，
新たな事業本部として設置した。u-Biz事業本部はDRM，WM，識別サー
ビス，新事業サービスを通じて統合保安サービスへの事業領域の拡大を
狙った。そして，ユ元社長を常任営業顧問役に内定し，崔代表取締役を会
長に内定した。

　イ社長が組織改編を行った理由については，DRMおよびWM技術を活
用する市場が拡大し，CP（Contents Provider：コンテンツ事業者）中心
のポータル・検索サービス市場の拡大，IPTV市場の活性化によるキラー
ソリューションとAPP市場の急成長，大型CPを中心とした識別サービス
（著作権保護並行）など統合保安市場の形成によって，単純なソリュー
ションの提供に止まらない統合保安サービス中心の企業へと発展するため
のコア・コンピタンスの発掘に力を入れるためであった。実際に**図表3-
1-9**を見ると，2013年から2017年までのコンテンツ産業の規模は右肩上
がりであり，特にDRM技術とWM技術が活用されると思われる音楽，ゲー
ム，キャラクター，知識情報，コンテンツソリューションへ先んじて対応
するためと言える。

② 企業マネジメント（経営戦略，経営組織）と成果との関係

　イ社長の着任後，マークエニー社は単純なソリューションの販売から発
展した統合保安サービス中心の企業になるためのビジネスモデルの発掘に
力を入れた。そのためにWM技術，DRM，文書の偽・変造防止，フィン

[図表3-1-9]　2013年から2017年までのジャンル別コンテンツ産業の売上規模比較

区分	2013年	2014年	2015年	2016年	2017年	前年対比増減率(%)
出版	20.8	20.6	20.5	20.3	19.9	△1.8%
漫画	0.8	0.9	0.9	1.0	1.0	6.3%
音楽	4.3	4.6	5.0	5.3	5.8	8.1%
ゲーム	9.7	10.0	10.7	11.3	12.1	6.7%
キャラクター	8.3	9.1	10.1	11.1	11.9	7.8%
知識情報	10.4	11.3	12.3	13.9	15.2	9.2%
コンテンツソリューション	3.4	3.9	4.3	4.5	4.8	6.5%
全体	91.2	94.9	100.5	105.5	110.4	4.5%

出所：韓国コンテンツ振興院（2018）

ガープリント，仮想化，コンテンツ流通プラットフォームなど様々な技術に関するコア技術を獲得することで，これらを融合した安全な情報保護の具現化と外部環境の変化に柔軟に対応できるような組織体制を作った。

　例えば，デジタル著作権保護分野において当時話題になったDRMフリーに関する議論は市場変化に柔軟に対応できるマークエニー社の力を見せている。デジタル著作権の保護のためにDRMが広く使われているが，DRM別に互換していないため，音源を購入した使用者の権利制約が問題となり，全世界的にDRMを排除するDRMフリーの要求が増加していた。韓国の場合，LGテレコムがDRMフリーを宣言するなど，DRMフリーに関する議論が進んでいた。このような要求はデジタル音源に対する著作権保護ソリューションを提供するビジネスを1つの軸としているマークエニー社には脅威になった。しかし，マークエニー社は既にDRMの限界を把握し，DNA識別/追跡などDRMを代替しデジタル著作権を保護する技術を保有していた。

[図表 3 - 1 -10] 2009年から2012年までのMarkAny社の売上

単位：億ウォン

区分	2009年	2010年	2011年	2012年
売上	136	120	130	148
営業利益	5.1	5.2	10	6

出所：MarkAny社の資料から筆者修正

　このように市場のニーズに速やかに対応するようになったマークエニー社は2009年には売上が136億ウォンまで伸び，創業以来最高の実績を達成した。

　しかし，イ社長の運営は，既存のコア技術を活かしてITサービス，流通など保安およびソフトウェア分野以外へ事業を拡張させ，多くのベンチャー企業が直面する資源配分の問題を起こし，マークエニー社のR＆D投資が売上の25％以下に落ちることとなり，このような企業運営を心配した崔代表取締役は5年ぶりに自ら社長として復帰し，持続的な研究開発を行い，これまでのR＆D中心のベンチャー企業としての性質を維持するようになった。

　崔代表取締役は，自社のコア技術であるWM技術とDRM技術に続いて次世代の成長動力としてCCTVソリューションに注目し，既存の技術を融合してCCTV用のアルゴリズム開発を始めた。また，既存のコア技術も発展させ，国内では郵政局オンライン郵便サービスの高度化事業を受注（2009年）した以外にも，ウリ金融グループの全系列社の文書保安構築事業の受注，国税庁電子文書保安システム構築受注（2010年），新世界INCの電子ブックプラットフォーム構築事業者選定（2011年）など国内の多くの重要なプロジェクトを受注した。海外でも積極的に営業活動行い，米国のUniversal Music Group（UMG）にオーディオWM輸出を始め，米国ZL TechnologiesとEメールアーカイビング関連戦略的事業を提携（2010年），

ドバイの最高裁判所の電子公証ソリューション構築（2011年）などを受注
した。その結果，2009年から2011年まで持続的に黒字経営が続き，売上の
25％以上をR＆Dへ投資するなど，マークエニー社の今後の成長のための
安定的な基盤を構築した。

　しかし，企業の規模が大きくなり，従業員数が82名（2007年）から127
名（2012年）まで増えて，崔代表取締役は再び効率的な組織の運営と，研
究開発に集中するために元サムソンSDSの常務であったハン・ヨンス氏を
社長としてスカウトした。

　ハン社長は崔代表取締役の戦略を守りながら会社を運営し，自分の営業
能力を最大限活かした。その結果，カタールの内務省に文書保安ソリュー
ションの輸出（2012年）と世界初のオープンウェブを支援する偽・変造防
止ソリューションの開発および個人情報保護ソリューションの販売開始な
ど，マークエニー社が持つコア技術を活かして営業範囲の拡張を図った。

(6)　第二成長期（2013年〜現在）

①　経営環境と企業のマネジメントとの関係

　2013年から，新しい韓国政権が始まったが，社会的には雇用がない成長
が何年間も続いた結果，若者層の失業率が上昇しており，国の経済動力も
弱くなっていた。そのような問題を打破するため，韓国政府は様々な経済
政策を実施し，その中ではベンチャー・中小企業に対する育成政策が主な
政策であった。その1つが，創造経済（Creative Economy）を中心とし
たベンチャー企業の創業・支援策であった。韓国政府は，今までベン
チャー・創業の生態系が円滑に動かなかった原因として投資資金の循環問
題が持続的に提起されたことに注目した。融資中心の資金調達システムは
創業の失敗によるリスクが高く，KOSDAQへの上場など投資資金の回収
の機会も少ないという問題を改善するために創業，成長，回収，再投資／

[図表 3 - 1 -11] 2013年～現在までのMarkAny社の経営環境（PEST）の変化，経営戦略，経営組織

区 分		内 容
経営環境	社会的	● ベンチャー企業に対する認識の変化 ● 雇用無し成長の持続➡高い若者層の失業率
	技術的	● DRM市場の飽和状態 ● ブロックチェーンを基盤とする仮想通貨の登場 ● ビッグデータ、AIなどのIoTの浮上
	経済的	● KONEX（Korea New Exchange）市場の開設
	政治・法的	● ベンチャー・創業資金生態系好循環計画 ● K-Globalプロジェクト
経営戦略		①戦略的意図に基づくコア資源の獲得 　● AI，ブロックチェーンの技術・人材確保 　● DRM，WM技術とAI・ブロックチェーンの技術を融合し，新規事業開拓 　● Raphacube社とのMOU（CCTV関連技術共有） ②経営資源の配分・活用 　● ブロックチェーン技術の開発・常用化 　● AIとCCTV技術の融合 　● モバイル市場に合わせた新たなサービス提供
経営組織		● ソリューション中心の組織改革

再挑戦のベンチャー生態系の構築のための具体的な政策を実施した。

　その一環として韓国政府はベンチャー企業への資金調達および投資資金の回収を容易にするため，KONEX（Korea New Exchange）市場を2013年7月1日に開設した。KONEXとは，KOSDAQへの上場要件を充足できなかったベンチャー企業が資金を円滑に調達できるように設立された市場である。

　そして，ICT分野のベンチャー政策を統合・連携し政府の支援を単一ブランドに統一するK-Globalプロジェクトを推進した。このプロジェクトは

［図表3-1-12］2013年から現在までのMarkAny社の組織図

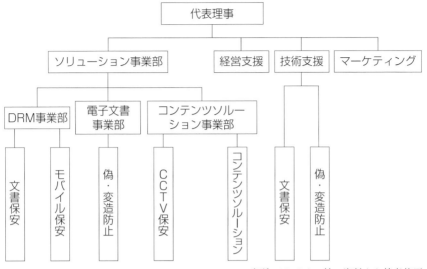

出所：MarkAny社の資料から筆者修正

　今まで分散されていたICT分野への支援をK-Globalへ集め，統合的に運営し，有望企業を発掘し，支援するために民間と市場中心の評価体系を確立させた。このような戦略は当時の韓国政府の成果を可視化するための選択と集中であるだろう。

　他にも技術銀行の設立や，創業先導大学，インキュベーターの拡充，VCへの支援強化など，韓国社会が直面していた低成長・高失業率を打破する切り札としてベンチャー支援策を運用した。

　一方，スマートフォンの普及とビッグデータの浮上，AIとブロックチェーン技術の登場など，技術的には既存のパラダイムを破壊する新たな技術が次々と登場し，それに合わせた様々なソリューションも登場した。

　このような環境の変化に対応するため，マークエニー社はハン社長を中心に組織改編を行った。まず，既存の事業部体制の組織をソリューション

別組織へと再編し，傘下には文書保安（DRM事業部），モバイル保安（DRM事業部），偽・変造防止（電子文書事業部），CCTV保安，コンテンツソリューション（コンテンツソリューション事業部）の５つを配置した。そして，国内の営業を強化させるため，マーケティング部署を新しく設置した。海外営業については，株式会社マークエニー・インターナショナルを設立し，海外事業本部および既存の海外法人を統一し，海外営業も強化した。

　ソリューション別組織に再編したのは，個別の技術だけでは顧客のニーズに対応することが難しいため，コア技術の連携およびシナジー効果を得て新たなサービスを提供するためであった。その一環として，2010年から開発したCCTVアルゴリズムを商品化したCCTV映像搬出保安ソリューション（Content SAFER for CCTY, Password SAFER for CCTV, Asset MANAGER for CCTV）のリリースに合わせてコンテンツソリューション事業部の傘下にCCTV保安事業部門を置いた。そして，2013年から韓国慶尚南道統營市を始め，全国の自治体にCCTV統合コントロールセンターの構築が行われた。

　一方，マークエニー社の技術はあくまでも映像の搬出に関するソリューションであり，CCTV自体をコントロールするソリューションではなかったため，トータルサービスを提供することができなかった。それを改善するため，CCTV映像管理ソリューションを全国に展開しているRaphacube社と戦略的提携（MOU）を結び，自社が持っていない映像管理（映像の人物認識，音源感知，音声認識など）技術を確保することができた。その結果CCTV全般のトータルソリューションができるようになり，2018年度基準では韓国のCCTV統合コントロールセンターで導入する映像搬出保安ソリューションの70％以上の市場を占めるに至っている。特に，個人映像情報保護法の遵守義務が今後公共部門から民間部門まで拡大されると予測

され，さらにCCTV保安ソリューション市場はより活性化すると予測される。また，CCTV分野での競争力を強化するため，既存のCCTV技術にAI技術とビッグデータ技術を適用したソリューションも開発している。両技術を適用する場合，例えば，人が倒れたり，負傷をしたりすると，CCTVがそれを認識し管理者にすぐ報告することにより，CCTV管理者の負担が軽減すると期待される。

　一方，DRM部門では，2013年からDRM市場が成熟期に入り，韓国DRM市場のトップ 3 社（パスダッコム，マークエニー，ソフトキャンプ）は2015年以降売上や営業利益が減り続けていた。それを打破するため，マークエニーは 2 つの策を考え，現在開発およびサービスを提供している。まず 1 つ目は，ブロックチェーン技術を基盤としたプラットフォームで，2013年からMarkNetというAIアルゴリズムを開発し，現在米国と韓国の 2 カ国の特許を獲得した。そして2018年に自社のブロックチェーン技術を活かしたエニーブロック（AnyBlock）を発売した。エニーブロックとは，現在証明書の発行の99.9％が紙で発行されているが，今後電子証明書が普及することにより，それらの偽・変造を防止し，証明書の履歴など信頼性が高い電子文書の流通プロセスに適合したDRMソリューションである。2 つ目は，モバイルDRM事業をより拡大化し，激変する市場の変化に合わせた新たなMDM（Mobile Device Management）ソリューションを提供している。MDMとは，個人の端末機器を使用する業務の増加によりモバイル端末やモバイル文書などのセキュリティに関連した需要が増えている市場の変化に合わせたモバイルDRMソリューションであるが，主に大手企業を中心に展開されていた。しかし，大手企業でのシステム構築がほぼ飽和状態となり，現在は中堅・中小企業を中心に事業を展開している。

　他にも韓国SBS放送局のリアルタイム地上波デジタル放送にWM技術を適用（2014年12月）し，オーディオフィンガープリント技術を放送用字幕

送出システムに適用（2015年6月），韓国KBS放送局と共同でラジオ音源自動認識システムを開発（2015年12月）するなど，WM技術を活かした様々な企業活動も活発に行っている。

② 企業マネジメント（経営戦略，経営組織）と成果との関係

　ハン社長を中心とした組織改編は，既存の売り手市場別に構成された事業部門から技術を中心としたソリューション別事業部への変換であった。この変換はコア技術であるWM技術とDRM技術，そしてこれからマークエニー社の新たなコア技術となるAIとブロックチェーン技術を各ソリューション別に適用できるような仕組みを作り，ソリューション別に民間，公共機関関係なく顧客のニーズに合わせた1：1のサービスが提供できるようになった。また，新技術の開発のために米国MIT出身の人材や韓国KTグループ出身のIT戦略専門家など国内外の人材を確保し，AIとブロックチェーン技術の開発に全社的な力を入れている。

　その結果，2012年に148億ウォンだった売上が2015年に211億ウォンまで伸びたが，DRM市場の競争は激しく，飽和状態になった影響により営業利益は赤字へ転落し，負債比率も前年度の約2倍まで膨れ上がった。ハン社長は業績悪化の責任を負って辞任し，内部的にも一部の社員が引き抜かれるなど，経営活動が難しくなったものの，崔代表取締役が社長に戻り，利益が少ない製品やサービスなどを減らし，営業利益の増加と負債比率の減少に集中した。結果，2016年から現在まで売上は下がっているものの，営業利益と自己資本比率，そして負債比率など財務健全性は改善された。

　また，国内外の有能な人材をスカウトし，人材の流出を最低限にするため，福利厚生や柔軟な勤務時間を徹底し，既存の結果中心の社内文化を業務中心へと転換するために社員とのコミュニケーションを持続的に実施している。その中の1つが失敗を恐れない組織作りである。崔代表取締役は

[図表 3 - 1 -13]　2013年から2018年までのMarkAny社の売上

単位：億ウォン

区分	2013年	2014年	2015年	2016年	2017年	2018年
売上	163	203	211	209	175	175
営業利益	10	15	△14	12	9.6	17.5
自己資本比率	45.5	38.4	22.9	31.3	39.7	48.3
負債比率	119.9	160.4	336.0	219.5	152.1	107.3

出所：MarkAny社の資料から筆者修正

次のように語った。

「限定された時間の中ですべての数とデータを考慮することはできないので，その当時の最善の決定を尊重し，失敗から学ぶこともあるため，失敗を隠したり叱責したりするよりは皆に公開し1つずつ変えていくことを志向します。」

つまり，成果を優先するより，IT企業の特徴でもある新たな技術を受け入れ，それが失敗しても成功しても何か学べることがあるという積極的な思考，姿勢を持つことで企業は競争力を維持することができると考えたのだろう。このような組織作りの結果，マークエニー社の離職率は徐々に減っており，社員の満足度も高くなっている。

2019年 6 月には今後のマークエニー社の方向性を表すMarkAny Security Revolution 2019を開催した。ここでは，マークエニー社の主要新製品の特長と事業戦略について紹介し，ブロックチェーンとAI等の新技術を活かして事業戦略を今後再編成し，データセキュリティを超えてスマートシティー，工場などの物理的な空間まで連携し保護する統合セキュリティ企業への変化を提示した。また，崔代表取締役は技術的突破力（Technological Breakthrough）をキーワードとし，これから変化する環

境に先制的に対応する技術開発を行い，今後 5 年以内にIPOを目指すと語った。

2 事例分析 2 （バイオ）：Cell Biotech社

(1) バイオ産業の紹介

近年SDGs[4]（持続可能な開発目標）に関するニュースや記事がメディアによく取り上げられている。その中で度々登場するのが“バイオテクノロジー”という言葉である。これは生物の優れた能力や性質を「健康・医療・食料・農林水産・環境・エネルギー」など人類に欠かせない分野に活かす技術を意味し，発酵食品や病気に強い農作物づくりに用いられている。現在では医療や環境，社会問題など地球規模での課題解決の手段として世界中で注目され，各国が巨額の投資を行いビジネス化している。

そんなバイオテクノロジーが使用されるバイオ産業の歴史をみておきたい。“バイオテクノロジー”という言葉が誕生する以前から人類は微生物を活用した発酵食品や保存食を作り，病気に強い種を選ぶことで安定的に食料を得られるように工夫してきた。本格的に産業としてバイオテクノロジーがビジネスに活用され始めたのはDNAの構造が解明された1950年以降である。日本ではまず酒造会社や発酵食品を作る食品会社がバイオ産業に参入してきたのが始まりである。1970年代に遺伝子組換技術が確立され，遺伝子組換えの医薬品開発が進んだ。また，同時期にトランスジェニック生物（特定の遺伝子が導入された動植物）が誕生し，人にとって付加価値のある農産物が作られるようになった。また，1970，80年代には製薬会社，化学会社，繊維会社の参入が目立つようになり，バイオテクノロジーは他分野で研究開発が進み，化粧品や衣類など活躍する領域は拡大していた。

　本章ではバイオ産業の中でプロバイオティクスに関する企業を紹介しているため，当分野を中心に歴史をみてみたい。プロバイオティクスとは「腸内フローラ（腸内細菌）のバランスを改善することにより人に有益な作用をもたらす生きた微生物」であると1989年に英国の微生物学者によって定義された。要するにお腹の腸内細菌のバランスを整え，腸内の異常状態を改善し，健康に良い影響を与える生きた微生物のことを指し，ヨーグルトや乳酸菌飲料などその微生物を含む食品自体を意味することもある。プロバイオティクスに用いられる微生物は乳酸菌とビフィズス菌が中心であり，近年ではスーパーマーケットやコンビニエンスストア，インターネット通販などでプロバイオティクスを謳う発酵乳や乳酸菌飲料が数多く販売されている。こうした商品のなかには単独商品で年商200億円を超えるものもありプロバイオティクス食品は大きな市場へと成長をみせている。㈱富士経済が2018年に発表した「乳酸菌・ビフィズス菌を配合した食品や飲料の市場動向」[5]によると2018年の乳酸菌・ビフィズス菌含有食品市場は7,930億円とされており，ここまで同市場が成長している背景には健康志向の消費者需要の高まりと，これに伴い新商品が次々に発売されていることがあると考えられる。拡大し続ける市場を狙い，これまで健康イメージを前面に出していなかった大手食品メーカーが乳酸菌市場に参入し始めており，独自の乳酸菌を訴求する企業が増加していることから今後のさらなる成長が見込める産業であるといえよう。

　バイオ産業は，他の産業と掛け合わせることでシナジー効果が生み出されることが産業的特徴であるといえる。乳酸菌・ビフィズス菌を食品や飲料と組み合わせることでプロバイオティクス食品は大きな市場を形成し，従来の食品メーカーも成果をあげることができている。さらに，バイオテクノロジーの発展がバイオ産業の発展に直結するということも特徴である。これはプロバイオティクス食品に限らず遺伝子組換え技術が確立すると医

薬品開発が進行することやトランスジェニック生物が誕生することなどバイオ産業全体に共通している。また，日本国内のプロバイオティクスを含むバイオ産業全体の市場規模は2014年には3兆円を超え，2003年から2015年で90％も成長を遂げている。バイオ産業は今後もさらなる経済成長が見込まれており，OECDは世界のバイオ産業市場が約180兆円にまで拡大するとの予測を発表した。バイオ産業はバイオエコノミー[6]だけでなく資源不足や食料不足，環境破壊などの地球規模の問題を解決する有効な手段として期待されている産業なのである。

(2) Cell Biotech社の事例紹介

　株式会社Cell Biotech（以下，セルバイオテック社）は，鄭明俊（チョン・ミョンジュン）により1995年2月に創業された，微生物醸酵を専門とする韓国のバイオベンチャーである。セルバイオテック社はバイオ産業の

[図表3-2-1] Cell Biotech社の会社概要

社名	株式会社セルバイオテック（Cell Biotech Co., Ltd.）
代表取締役	鄭　明俊（チョン・ミョンジュン）
資本金	47億ウォン
所在地	韓国京畿道金浦市
社員数	242名
会社構成	（株）セルバイオテック・インターナショナル Cell Biotech International A/S Cell Biotech France
事業分野	乳酸菌，抗菌活性物質，機能性素材の開発・製造・販売
産業資産状況 （特許）	プロバイオティクス関連特許件数　112件（登録61件，出願51件） 登録菌株数：19件 ※2019年11月基準

出典：セルバイオテック社ホームページから筆者修正

[図表３-２-２] Cell Biotech社の会社沿革

2018.11	第４工場建設（バイオ医薬品臨床）
2018.11	乳酸菌薬物伝達システムと抗がん治療用組み換え乳酸菌２種の特許取得
2017.10	フランス現地法人設立（Cell Biotech France）
2017.01	次世代世界一流商品選定（韓国産業通商資源部）
2016.12	2000万ドル輸出の塔受賞（韓国貿易協会）
2015.07	World Class 300選定
2015.06	特許技術賞「忠武公賞」受賞（韓国特許庁）
2013.09	第３工場竣工（完成品生産工程）
2012.01	デンマーク現地法人設立（Cell Biotech International A/S）
2011.04	フリーヒードンチャンピオン選定（韓国取引所）
2007.12	世界一流商品選定（産業通商資源部）
2004.04	二種コーティング特許取得（韓国，日本）
2002.02	KOSDAQ市場上場
1996.01	第２工場竣工（完成品工場―GMP施設）
1995.07	第１工場竣工（発酵工場）
1995.02	セルバイオテック社設立

出典：セルバイオテック社ホームページから筆者修正

分野において，世界最高水準の微生物醗酵専門企業になることをビジョンとして掲げている。同社は，微生物専門家集団で構成されており，プロバイオティクスと関連した健康食品製造業を主な事業として行っている。自社ブランドの生産以外にも国内外のOEM（Original Equipment Manufacturer：相手先（委託者）ブランド名製造）やODM（Original Design Manufacturer：製造者設計生産）による売上も上げている。また，プロバイオティクスの発酵技術を基に機能性化粧品ブランドをはじめ，化粧品製造事業も行っているなど，事業の多角化を進めている企業である。

　同社は「DUOLAC」を主なブランドとして展開し，既存のブランドの
アップグレード製品を持続的に開発・生産している。DUOLACは薬局，
オンラインショッピングなどを通じて販売するプロバイオティクスDUO-
LAC（複合菌株使用）と，ドラッグストア，免税店など外部の流通チャ
ンネルを通じて販売するNUTRA DUOLAC（ビタミンなど機能性原料を
添加した複合製品）で構成されている。また，同社は化粧品ブランドであ
るLACTOClearとOEM/ODM事業分野ではLAB 2 PROで事業分野を確保
している。

　セルバイオテック社はバイオ産業の分野において，世界最高水準の微生
物醸酵専門企業になることをビジョンとして掲げている。このために同社
は，研究開発を中心に行うほか，生産・販売も併せて自社で行っている。

　セルバイオテック社は高収益を維持するためのいくつかの方針を採用し
ている。同社では「私たちはキログラム当たり100ドル以下の製品は作ら
ない」「コピーできる技術は技術ではない。特許だけで技術を維持しよう
とする事業であればやめた方が良い」といった方針を掲げ，これらを実践
している。

　本章では，セルバイオテック社が創業以来，どのように発展したかフ
レームワークに基づいて，4つのフェーズに分けて事例分析を行う。

[図表 3 - 2 - 3] Cell Biotech社の製品分野

PROBIOTICS DUOLAC	NUTRA DUOLAC	LACTOClear	LAB 2 PRO

出典：Cell Biotech社ホームページから筆者修正

(3)　生成期（1995年〜2002年）

①　経営環境と企業のマネジメントとの関係

　セルバイオテック社の変遷をたどっていく前に，その背景にある韓国に

[図表3-2-4]　2002年以前のCell Biotech社の経営環境（PEST）
の変化，経営戦略，経営組織

区　分		内　　容
経営環境	社会的	●失業者の増加による社会問題が台頭 ●大学進学率の増加➡高学歴者の増加 ●バイオ産業に関する認識不在
	技術的	●ヒトゲノム研究の活性化 ●遺伝子操作技術，たんぱく質合成技術の発達
	経済的	●IMF危機による大量失業（1998） ●高学歴者の失業者の増加 ●経済構造の変化（財閥から中小企業へ） ●KOSDAQ市場の設立（1996） ●ベンチャーバブルの崩壊と再跳躍（2000）
	政治・法的	●ベンチャー企業育成に関する特別措置法 ●ベンチャー企業への支援政策の具体化（兵役特例，教授評価制度等） ●遺伝子工学育成法➡生命工学育成法の改訂 ●韓国バイオベンチャー協会の設立（2000）
経営戦略		①戦略的意図に基づくコア資源の獲得 　●政府公募基盤課題およびVCから資金調達 　●二重コーティング技術の確保 ②経営資源の配分・活用 　●二重コーティング技術の大量生産技術の確保➡第2工場建設 　●OEM市場への展開
経営組織		●研究開発中心➡海外営業（ODM/OEM） ●セルバイオテック・インターナショナルの設立（1996）

おける経営環境を見ていくこととする。韓国のバイオベンチャー企業の発展史は，大きく，胎動期（1980年〜1992年），出現期（1992年〜1998年），成長期（1999年〜2002年），調整期（2003年〜2006年），再跳躍期（2007年〜現在）に分類される。

　金（2013）によると，韓国のバイオ産業は1970年代半ば以降，西洋で関連分野を研究した学者たちが帰国しはじめた時期から始まった。彼らは西洋の先進国で研究が始まった遺伝子工学を韓国に紹介し，当時のメディアも海外の動向を通じて遺伝子工学技術の現状と未来について報道するなど，新たなバイオ産業に関する概念が少しずつ広がった。そして，1982年に韓国で初めて韓国遺伝子工学学術協議会が設立され，続いて遺伝子工学育成法（1983年）が制定されるなど，韓国政府は遺伝子工学に対する育成政策を整備し民間の投資を誘導できる研究開発投資支援の法的根拠を備えるようになった。

　そして，1990年代に世界的にヒトゲノムプロジェクトが始まり，韓国内でもバイオベンチャーに関する関心度が高まった。韓国遺伝子工学研究協議会は韓国生命工学研究組合に名称を変更し，遺伝子工学だけではなく，バイオ全般に関する研究交流など，研究環境がより広くなった。また，遺伝子工学育成法は生命工学育成法（1995年）へと改正し，生命工学全般に対する積極的な政策を実施した。また，前章で述べたように当時の韓国政府はIMF危機を乗り換えるためにベンチャー育成政策を実施し，1992年に創業した㈱韓国生工（バイオニア）をはじめとして，セルバイオテック（1995年），韓国微生物技術（1996年），バイロメド（1996年），マクロゼン（1997年）などバイオベンチャーが次々と登場した[7]。

　一方，セルバイオテック社の創業者である鄭社長は延世大学生物学科を卒業後，ソウル大学大学院微生物学科の修士課程に進学し，納豆菌の培養原理に関する研究に取り組んだ。その後，1982年に鐘根堂に入社し，１年

後の1983年には味元社の発酵チームへ移った。毎日のように研究所で寝泊りするほど研究熱心だった鄭社長は，1986年から3年間続けて「優秀社員」表彰を受けた結果，1989年には社費にてデンマーク王立工科大生命工学・博士課程（乳酸菌専攻）に留学する。そこで，乳酸菌の可能性について気づいた鄭社長は，乳酸菌の培養に対する全般的な技術を習得し，ヨーロッパの国々の経営環境や企業マネジメントなど，乳酸菌の培養技術を活かしたバイオベンチャーの創業に向け着実に準備していった。

　以降，韓国に戻った鄭社長は1994年1月に味元社を退職し，元同僚のバイオベンチャーで1年間手伝いながら，韓国での創業の準備を進めた。そして，1995年，鄭社長がセルバイオテック社を創業する前，元同僚が創業したゼイオテック社で働きながら，政府公基盤課題研究資金を申し込むようになった。当時，ゼイオテック社にはヒット商品がない状況であるものの，鄭社長には乳酸菌の大量培養，醗酵技術，回収工程の分野での研究実績を持っていることをアピールし，「乳酸菌の大量培養及び回収工程の開発」というテーマで政府公基盤課題の獲得に成功した。その結果，鄭社長は自己資金2億ウォン，政府公募基盤課題研究資金4億ウォン，そして京畿道創業支援資金[8]5.5億ウォンを合わせた11億ウォンの資金と味元社の同僚3人（微生物専門家）により，セルバイオテック社を設立した。また，自社の強みである乳酸菌分野への競争力を高めるため，鄭社長は創業時から研究環境を重視し，1995年7月には独立した研究開発組織として醗酵微生物研究所を設立した。

　しかし，バイオベンチャーの大きな課題であった資金の問題が台頭した。バイオベンチャーの特性上，資金の投資は持続的に必要であるが，その結果を出すには他の分野より時間がかかり，結果物が成功するかどうかも予想できないのであった。鄭社長は他企業への売却も検討したが，幸いにも同社は，KTB[9]とKTIC[10]から，CB[11]を含め総額8億ウォンの投資を受け

ることが可能となった。調達した資金をもとにセルバイオテック社は，乳酸菌の完成品市場に進出することを目指し，第2工場建設を推進した。また同社は，KTBを通じて科学技術振興基金を受け，12億ウォンを追加で調達した。

またこの頃，売上規模が拡大し，必要とされる運転資金が増加した同社は資金繰りに追われることとなる。この危機に際し鄭社長は，自身と妻の自宅などの私財8億ウォンを会社に投入することで，辛くもこの危機を乗り越える。またこの頃，会社の急成長により急激に増加する運転資金に対する管理体制も十分構築されていなかった。こうした状況への対処としては，手形割引なども必要となるが，IMF危機に伴う景気の悪化により，手形割引もできない状況であった。

1998年には，約10億ウォンを投入し，第2工場を建設した。これにより1カ月当たりの生産能力は，200kgから2tへと10倍も増加し，その品目も，原料，半製品から完成品に至るまで生産できるようになった。この第2工場が原料医薬品製造業許可を取得することで，セルバイオテック社は乳酸菌を医薬品原料として供給することが可能となった。この第2工場により，完成品が売れるだけでなく，中小製薬企業や食品会社への乳酸菌原料の販売も増加することとなった。

一方，研究開発型企業の大きな問題である営業力の不在はセルバイオテック社にも存在した。創業当時，営業の専門家が不在であったことから，技術力は高いがブランド力はなかったため，自社の技術を評価してくれる取引先を見つけるのが難しかった。また，当時は韓国ではIMF危機により企業活動が縮小傾向でもあった。しかし，IMF危機によりドルが高くなり，海外から全量輸入した乳酸菌原末の代替を探していた韓国の製薬会社に自社の高い技術力と価格競争力（当時の海外大手メーカーのクリスチャン・ハンセンの50％価格）を武器に営業活動を行い，安定的に売上げを伸ばす

ことができ，1997年の6億ウォンから2002年には75億ウォンまで増加した。

② 企業マネジメントと成果との関係

　セルバイオテック社にとって一番重要なことは乳酸菌技術の確保および製品化であった。そのためには，優秀な人材確保は必須であった。創業当時には鄭社長を含めた微生物専門家の4人で始まり，以降，製品開発能力が優れたキム・ヒソン研究室長が1997年に合流し，他にも当時のIMF危機により職を失った有能な研究者をスカウトした。

　また，組織構成を開発・販売組織と研究・生産組織に単純化し，発酵微生物研究所を設立（1995年）するなど，技術開発中心の組織を作った。そして，研究員の製品に対する認識を変化させるために多大な努力をした。当時の同社に必要なことは，実験し論文を出すのも重要だが，売れる製品を作ることであった。よって，鄭社長は研究所の研究員ではなく，企業の研究員としてのアイデンティティを強調し，研究結果によっては最大2,000万ウォンのインセンティブを支給する制度を導入した。また，自社の技術漏洩を防ぎ，技術力を広報するため，積極的に特許出願を行い，自社独自の菌糸体を確保した。その結果，2001年には二重コーティング技術を利用した乳酸菌粉末であるDUOLACの製造方法について特許出現をした。また，米国のFDAから食品安全認証（2000年，2002年）とSGSによるHACCP認証（2002年）を獲得するなど，この実績により韓国・科学技術部によりフロンティア課題参加企業にも選定された。

　営業組織についても1996年に販売子会社であるセルバイオテック・インターナショナルを設立し，1997年から専門家をスカウトした。また，自社の販売方式を既存の原末の販売からOEMと菌糸体の販売へと広げ，製品の多角化を進めた。その結果，1997年には8社程度の取引先が1998年には40社程度に増加し，2000年には韓国の大手食品メーカーであるCJ社と戦

[図表 3-2-5] Cell Biotech社の売上（2000年〜2002年）

単位：億ウォン

	2000年	2001年	2002年
売上	36	51	75
営業利益	2	7	16

出典：Cell Biotech社のIR資料から筆者修正

略的提携を結び，2001年には韓国のサムソン物産と戦略的提携を結んだ。また，米国・日本の会社との取引を進めるなど，国内外の販売ルートを積極的に広げた。

　そして，2002年には当時の政府のベンチャー企業育成のための特例条項が導入されることにより，KOSDAQ市場へと上場した。

(4)　形成期（2003年〜2009年）

①　経営環境と企業のマネジメントとの関係

　前の事例であるマークエニー社でも説明したように，IMF危機を克服するために韓国政府はベンチャー企業の育成に力を入れ，ベンチャーブームが起きたが，NASDAQのバブル崩壊などの影響と韓国内のベンチャー起業家のモラルハザードなどの問題により，ベンチャー企業に対する社会的認識が厳しくなった。そのような雰囲気の中で，2000年にマクロゼンを始めとした韓国のバイオベンチャーは次々とKOSDAQ市場へ上場し，2002年には全部で17社のバイオベンチャーが上場した。しかし，2003年からは年に1，2社程度しか上場ができなかった。その理由については様々あるが，バイオベンチャー沈滞の大きな理由は資金難，つまり経営悪化であった。特に他の分野に比べて基礎的な研究開発により多くの時間と資金の投資が必要で，商品を大量生産するためにも工場設備のような大規模な資本

[図表3-2-6] 2003年～2009年のCell Biotech社の経営環境（PEST）の変化，経営戦略，経営組織

区　分		内　　容
経営環境	社会的	●反ベンチャー主義 ●高齢化社会への変化
	技術的	●人間体細胞の複製の成功（ソウル大学） ●ITとBTの融合
	経済的	●KOSDAQ市場の活性化 ●FoF（Fund of Funds，母胎ファンド） ●ベンチャーキャピタルの支援 ●バイオベンチャーのKOSDAQ上場と停滞
	政治・法的	●「ベンチャー活性化のための金融・税制支援法案」，「ベンチャー活性化法案対策」の発表 ●健康機能食品に関する法律（2004）
経営戦略		①戦略的意図に基づくコア資源の獲得 　●海外の人材を確保 　●セルバイオテック細胞工学研究所の設立 　●ソウル大学等韓国内の大学との共同研究 　●デンマークのブロステ社と共同研究・販売チャンネルを共有 　●三重コーティング技術の確保（2008） 　●安定的なOEM生産（Amway，2003） ②経営資源の配分・活用 　●自社ブランド「ボディーチューン」を発売（韓国ファミリーマート） 　●DUOLAC特許登録（韓国，日本，ヨーロッパ） 　●乳酸菌技術に基づいた医療用治療剤の共同臨床研究（デンマーク，スウェーデン，イタリア） 　●江南聖母病品とニキビ治療剤の共同臨床研究
経営組織		●生産：セルバイオテック，販売：セルバイオテック・インターナショナルの二元化 ●セルバイオテック・インターナショナルデンマーク設立（2006） ●セルバイオテック細胞工学研究所の設立（発酵微生物研究所の拡大）

が必要なバイオ分野の特性は，バイオベンチャーの状況を悪化させた。一般的にバイオ産業は技術開発から営業利益を創出するまで最低5年から10年は必要であり，収益を創出する前の累積投資規模に対し，かなりリスクが高い分野として評価された。バイオベンチャーの波に乗って創業直後に投資を得た会社は，技術開発が終わって本格的な製品生産に入る段階で追加資金を準備できず，資金難になったと言える。

　一方，韓国社会では高齢化が急速に進み，健康に関する関心度が高まった時期でもあった。医薬品に関する法律の整備は定まっているものの，健康食品に関する法律はなかったため，科学的な根拠が不明確な健康食品が市場で乱立していた。しかし，2004年から健康機能食品に関する法律が施行されたことにより，消費者が安全な健康機能食品を購入できるようになり，食薬庁長官が認定した健康機能食品だけを市場で流通させる基盤を築いた。

　技術的にはソウル大学の研究陣が，動物細胞の複製の成功を踏まえて人間体細胞の複製まで成功させ，大手企業を中心にIT産業とBT産業の融合の動きが始まる時期でもあった。サムソン，LG，SKなど既存のIT分野の大手メーカーや通信会社が，バイオ産業への進出または連携を通じて新しい産業分野を開拓しようとした。例えば，サムソンの場合，2006年にサムソン電子を中心にサムソン総合技術院，サムソン医療院と共同でu-ヘルスケア事業へ進出し，マンションに設置されているシャワートイレに小便検査装置を付けてネット上で患者の状態を記録し，異常が発見されたらお知らせするモデルを構築した。他にもLGグループは，LG科学を中心に抗生剤分野に莫大な投資を行い，新しい工場を完工および増設するなど，様々な分野においてBTとの技術的な融合が活発に行われた。しかし，ソウル大学の研究陣による人間体細胞の複製は2005年末に韓国社会を大きな衝撃に陥れたスキャンダルとなり，韓国バイオ産業においての信頼度が急

激に落ちた。

　一方，セルバイオテック社にとっては，このような市場の変化は成長の
きっかけになった。自社のコア技術である二重コーティング技術が韓国の
産業資源部から次世代世界一流商品認証企業へ選定（2003年）され，続い
て韓国と日本で乳酸菌の二重コーティング技術が特許登録（2004年）され，
続いてヨーロッパでも特許が登録（2008年）されるなど，各国が同社の技
術を認め始めた。特に，プロバイオティクスの先駆的な国であるデンマー
クの首相が2006年に韓国へ国賓訪問した際に，セルバイオテック社を訪問
し，同社の技術力が世界にも通用するレベルであることが世間に知らされ
た。また，工場設備面では第2工場の完工とともに生産1チームと生産2
チームへ拡大することで，増産体制を整備し，生産量も2003年の25,920kg
から2008年の63,180kgまで増加させた。

　しかし，コア技術があってもそれを維持し，技術力を高めるためには研
究する人材と資金が必要である。多くのバイオベンチャーが一定軌道に
乗っても上述したように資金難により，経営活動を継続することが難しい
場合が多い。特に有能な人材が安定的な現職からリスクが高いベンチャー
企業へ参加することは極めて難しいと言える。セルバイオテック社も会社
の規模が徐々に成長していく中で人材の確保が何よりも重要なこととなり，
そのためには安定的で付加価値が高い収入源を探す必要があった。第一歩
としては，2001年から2年間の共同研究を通じて開発した高機能性乳酸菌
完成品をセルバイオテック社が製造し，Amwayへ納品するOEM生産を本
格化することで安定的なOEM市場へ入れるようになり，それは現在まで
続いている重要な収入源になった。また，プロバイオティクスの宗主国と
いわれるデンマークにセルバイオテック・インターナショナルデンマーク
を設立し，デンマークの製薬会社であるブロステ社と共同研究および販売
チャネルを共有するなど，海外への進出も本格的に図った。しかし，

OEMだけでは成長性が低いため，自社ブランドの必要性を感じた鄭社長は，2003年11月に最初の自社ブランドである「ボディーチューン」を発売し，韓国のファミリーマート（現在のCU）に納品した。ボディーチューンは現在，同社の自社ブランドであるDUOLACの商品として配置されている。

　安定的な収入源を確保した鄭社長は，次に有能な人材を確保するために自分の人脈を最大限利用した。その結果，米国のルイジアナ州立大学の研究者であったソ・ジェグ博士をスカウトし，新しく立ち上げたセルバイオテック社の細胞工学研究所（旧，発酵微生物研究所）を担当させた。ソ博士を中心としたセルバイオテック細胞工学研究所は2008年に三重コーティング技術を開発するなど，以降，同社のコア技術の競争力を維持させる重要な機関となった。また，自社内だけではなく，外部との共同研究も活発に行い，上述したようにデンマークのブロステ社だけでなく，韓国内ではソウル大学（2005年）をはじめ，高麗大学（2005年，2006年），建国大学（2006年）などと乳酸菌に関する共同研究を実施した。そして，乳酸菌技術に基づいた技術の多角化を図り，2006年からは江南聖母病院とニキビ治療剤の臨床研究を実施し，海外ではデンマーク，スウェーデン，イタリアの製薬会社および大学との乳酸菌を活用した治療剤の臨床研究を行うなど，乳酸菌の製造・販売を行う健康食品会社から医薬品専門会社へ進化していくこととなる。

②　企業マネジメントと成果との関係

　会社規模がIPO以前と比べて大きくなったセルバイオテック社は，限られた資源を効率的に使うために，生産と販売を二元化した。生産はセルバイオテック社が担当し，販売はセルバイオテック・インターナショナルが担当することで，セルバイオテック社は研究開発に集中することができた。

また，従業員の2/3以上は生産・研究開発部門が占めるなど，研究開発に専念するような組織として構成した。

次に，既存の発酵微生物研究所を拡大した細胞工学研究所を基礎研究チーム，種菌開発チーム，微生物チームの3つのチームで再編した（**図表3-2-7**）。特に，ソ博士を中心とした研究所は上述したように，セルバイオテック社にとって最も重要な機関として活躍する基盤を得たともいえる。

管理・営業部門においても，販売を担当するセルバイオテック・インターナショナルと常にコミュニケーションを行う経営支援本部と品質維持を中心とする品質経営室を設置することで，国内外でのニーズをいち早く把握し，商品開発を進める体制も整えた。そして，営業を担当するセルバイオテック・インターナショナルは，初の海外拠点であるセルバイオテック・インターナショナルデンマークを2006年に設置することで，乳酸菌の宗主国であるデンマークでの販路拡大とデンマークの優れた乳酸菌関連企業や大学との共同開発も活発に行えるようになった。

その結果，既存の乳酸菌原末を中心とした売上構成が完成品（OEM，自社ブランド含む）市場まで拡大し，乳酸菌原末と完成品の売上比率は

[図表3-2-7] Cell Biotech社の組織図 （2006年）

出典：Cell Biotech社のIR資料から筆者修正

[図表 3 - 2 - 8] Cell Biotech社の社員構成（2004年～2009年）と
売上（2003年～2009年）

区分	管理・営業職	生産・研究職	合計
2004年	12人	28人	40人
2005年	16人	37人	53人
2006年	12人	37人	49人
2007年	13人	50人	63人
2008年	13人	55人	68人
2009年	11人	47人	58人

単位：億ウォン

	2003年	2004年	2005年	2006年	2007年	2008年	2009年
売上	87	101	96	88	108	122	158
営業利益	17	19	3	0.5	14	17	47

出典：Cell Biotech社のIR資料，韓国電子公示システムから筆者修正

2003年の50：50から2009年には38：62まで完成品の比率が上がり，売上も
2003年の87億ウォンから2009年の158億ウォンまで約2倍に伸びた（**図表
3 - 2 - 8**）。

(5) 第一成長期（2010年～2016年）

① 経営環境と企業のマネジメントとの関係

　リーマン・ショックによる世界的な経済危機を乗り越えるため，韓国政
府はマークエニー社でも上述したようにベンチャー企業への支援策を強化
し，第2のベンチャーブームを起こした。しかし，その支援策の多くが
ICT分野および既存のベンチャー企業に集中し，バイオ産業への支援は
2000年に提示した生物産業発展基盤助成のための5カ年計画（産業部，
2000）とBioHealth21（保健福祉部，2001）を基準に各部署別の計画が進

[図表3-2-9] 2010年〜2016年のCell Biotech社の経営環境（PEST）
の変化，経営戦略，経営組織

区　分		内　　容
経営環境	社会的	●ベンチャー企業の海外進出 ●健康機能食品に関する認知度が向上 ●第2のバイオベンチャーブーム（2016年の設立件数：443）
	技術的	●乳酸菌技術を活かした製品の多角化（食品，食品添加物等） ●乳酸菌分野に遺伝子工学を融合させる研究
	経済的	●リーマン・ショックによる大不況 ●ベンチャー企業の資本調達が厳しくなる➡FoFの活躍 ●KONEX（Korea New Exchange）市場の開設
	政治・法的	●ベンチャー企業育成に関する特別措置法の延長 ●M&A関連要件を緩和 ●第2期ベンチャー企業育成対策 ●バイオベンチャー支援策の増加
経営戦略		①戦略的意図に基づくコア資源の獲得 　●第3工場（完成品生産工程）完工および生産開始（2013） 　●原料医薬品LH菌のDMF登録（2012） 　●大腸がん関連基盤技術特許取得（2010） 　●政府課題（難治性腸疾患治療剤の開発）を獲得・主管（2016） ②経営資源の配分・活用 　●乳酸菌専門ブランド「DUOLAC」販売開始（2010） 　●腸疾患治療剤，化粧品の臨床実験実施 　●抗がん剤の開発実施
経営組織		●営業職の強化 ●研究組織の改善

　んだ程度で，新たな計画および法的な整備は進まなかった。その結果，バイオベンチャーの創業件数はピーク時の2000年には302件に至ったが，それ以降急激に減少し，2004年の創業件数は104件しかなく，2008年までの創業件数は平均128件で，バイオ分野はあまり成長しなかったと言える。

　韓国政府は弱まったバイオベンチャーの土台を立て直すため，既存のベンチャー企業育成に関する特別措置法の延長と共に，2006年に第2次生命工学育成基本計画を樹立し，2011年は第2次基本計画の第2段階，および第1次生命研究資源管理基本計画を樹立した。そしてこれら2つの計画に基づいて国家科学技術委員会を立ち上げ，その中にバイオ特別委員会を設置した。また，2013年には国家科学技術委員会を拡大した未来創造科学部に再編し，ICTだけでなくBT分野への支援も強化するなど，本格的にバイオ分野の育成に力を入れるようになった。

　その効果は直ちにバイオ分野に影響を及ぼし，2009年の創業件数は171件まで増え，2016年には514件まで急増した。また，バイオベンチャー分野へのVCの投資規模も2011年の933億ウォンから2015年に3,170億ウォンまで増加し，政府投資金額も2007年の1兆5千億ウォンから2015年に3兆3千億ウォンまで増加するなど，韓国のバイオ分野への投資は持続的に増加していた。

　一方，世界的に健康食品市場の規模も2009年の803億ドルから2015年には1179億ドルまで大きくなり，米国市場とヨーロッパ市場が全体の約48.5％を占めていた。同時にプロバイオティクス市場規模も拡大し，2009年には179億ドルだったが，2015年には330億ドルまで成長した。しかし，プロバイオティクス企業の数も増加傾向を見せ，既存のクリスチャン・ハンセン（デンマーク），ダニスコ（デンマーク），森永（日本），ロシェル（フランス）の4社を中心に，新たにネスレ（スイス），ヤクルト（日本），デュポン（米国），バイオガイアAB（スウェーデン），ライフウェイ・フーズ（米国）など世界的な中堅製薬・医薬品・乳酸菌会社まで参入する激しい市場となった。韓国でも健康意識が高くなり，韓国の健康食品市場も徐々に成長していた。特にプロバイオティクスへの認知度が急激に高まり，市場規模は2008年の190億ウォンから2016年に1,903億ウォンまで大き

くなった。国内のプロバイオティクス企業数は2004年の５社から2011年に10社まで増え，他にも海外から乳酸菌原末を輸入販売する企業も６社程度あるなど，国内市場の成長と共に参入企業も増加してきた。

このようにプロバイオティクス市場の成長と高い関心度を背景に，多くの企業は既存のプロバイオティクス技術を医薬品や健康食品だけではなく，一般食品でも加工できるように技術改善を進め，食品添加物として使えるようになった。また，プロバイオティクスの技術と遺伝子工学を合わせて新たな医薬品および治療剤の開発も進み，特に大腸がんや炎症性腸疾患などに効く新薬の研究開発が多くの製薬会社およびプロバイオティクス会社から始まった。

セルバイオテック社は拡大する市場に合わせて安定的に売上を伸ばしながらも，既存のOEM・ODM生産と弱い自社ブランドでは先が見えないと鄭社長は成長性の限界を感じた。特に，OEM・ODM市場とBtoB市場では強みを持っているものの一般消費者にはセルバイオテックという社名は聞いたことがない会社であった。そして，自社ブランドを開発し，販売先としてコンビニを選択したのは，乳酸菌専門企業としてのイメージが一般消費者にあまり浸透していなかったためだ。鄭社長はその理由について，自社の強みであるプロバイオティクス専門ブランドを一般的な健康食品のように販売することによって消費者に自社の高い技術力をアピールすることができなかったためと判断した。よって，鄭社長は新しくプロバイオティクス専門ブランドである「DUOLAC」を作り，既存のボディーチューンをDUOLAC傘下のビタミンカテゴリーに再配置した。次に，販売チャンネルも既存のコンビニから病院および薬局を中心に医薬品のように販売する方針を決め，病院や薬局の関係者を対象にDUOLACに関する講演会などを開き，プロバイオティクス製品を探す消費者により専門的に自社製品を紹介できるように様々な支援も行った。その結果，健康食品ではある

が，医薬品を中心に取り扱う病院や薬局に販売チャンネルを絞ることで，まるで医薬品のような高機能性の健康食品のイメージを構築することができた。

また，DUOLACのブランドの認知度を一層向上させるためにDUOLACの販売ホームページを開設し，2012年にはリニューアルも行った。また，2013年からは地上波放送にもCMを流すなど，積極的にマーケティング活動を展開し，広告宣伝費も2010年の1億2千万ウォンから2016年の54億ウォンまで増やした。その結果，セルバイオテック社の製品別売上比率は**図表3-2-10**のようにOEM・ODMの比率は減り，自社ブランドのDUO-LACの売上が徐々に増加し，営業利益も2013年からは30％を超えるようになった。自社ブランドの成功は製品の生産にも影響を及ぼし，既存の第1工場と第2工場では生産量が足りなかったため，2013年10月に完成品の生産工程を担当する第3工場を完工し，生産量も既存の250億ウォンから600億ウォンまで増加した。

DUOLACの成功により，セルバイオテック社はより高い資金力を基に自社の技術をより発展させ，コア技術を確保し，多角化するために，プロバイオティクスを中心として医薬品と関連商品の研究を行った。研究費も2010年の11億ウォンから2016年に29億ウォンまで増やした。その結果，2009年から実施した腸関連治療剤の臨床試験を実施し，プロバイオティクス技術を活用した化粧品の開発も始めた。そして2010年9月には大腸がんと関連した基盤技術の特許を取得し，2012年には医療医薬品であるLH菌をDMFへ登録するなど既存のプロバイオティクス企業から専門医薬品製造会社へと進化するために様々な研究活動を行った。また，政府との研究協力も活発に行い，2016年には政府課題である難治性腸疾患治療剤の開発を獲得・主管することになった。このような営業成果を得るため，セルバイオテック社は持続的に外部人材を迎え入れ，2016年にはカナダ国立研究

[図表 3 - 2 -10]　Cell Biotech社の製品別売上比重

製品	2012年	2013年	2014年	2015年
原末	23%	18%	14%	16%
OEM/ODM	65%	62%	53%	52%
DUOLAC	12%	20%	32%	32%

出典：Cell Biotech社のIR資料，韓国電子公示システムから筆者修正

　所とデュポン社出身のイム・サンヒョン博士をスカウトし，彼に抗がん剤
の開発を担当させた。

　このようなセルバイオテック社の研究活動は国内外から認められ，
HACCP認証機関変更およびISO9001認証機関変更（2011年）を獲得し，
KRXフリーヒドゥンチャンピオン選定（2011年），フォーブスアジアが選
定するAsias 200 Best Under A Billion選定（2015年，2016年），ワールド
クラス300選定（2016年，中小企業庁）など国内外からプロバイオティク
ス専門企業として名をあげた。

②　企業マネジメントと成果との関係

　セルバイオテック社は2006年12月，韓国政府から優秀製造技術研究セン
ター（ATC）に指定され，政府関連課題を全社的な観点から持続的に遂
行していた。政府課題の研究は資金力が足りないバイオベンチャーにとっ
ては自社の技術力を高める良い機会であり，セルバイオテック社も自社の
研究課題を政府課題と連携して進行させた。しかし，自社ブランドの開発
および関連多角化を進めることにより，既存の組織としては研究の限界が
見えると判断し，細胞工学研究所の組織を2010年に再編成した。新しい組
織には政府課題を主に研究するATCチームと既存の種菌開発チーム，そ
して自社ブランドのDUOLACと全体的な生産工程を管理・研究する工程

分析チームの3チームで再編した。そして，研究員の補充も持続的に行い，上述したイム博士を含めた国内外の有能な人材を迎え入れ，研究員数も2010年の50名から2016年には76名まで増加した。これによって，セルバイオテック社は政府課題だけではなく，自社のコア技術を高めるための研究にも力を入れるようになった。

　また，営業面でも大きな組織変更を行い，既存のセルバイオテック・インターナショナルのデンマーク支社をセルバイオテック・ヨーロッパA/Sに昇格・子会社化し，既存のセルバイオテック・インターナショナルは韓国を中心に米国，アジア市場を担当させ，セルバイオテック・ヨーロッパA/Sはデンマークを中心にヨーロッパ市場を担当させた。その結果，セルバイオテック・インターナショナルは韓国アムウェイへのOEM・ODM納品およびDUOLACの販売により集中することができた。そして，セルバイオテック・ヨーロッパA/Sはプロバイオティクスに関心度が高く，既に大きな市場が存在するヨーロッパ現地に合わせた製品を提供することができた。特に，デンマークの現地製薬会社であるアクタヴィスのラクトケア（Lactocare）製品をODMで納品し，2010年にはデンマークのプロバイオティクス市場占有率1位を達成した。このような成功によって2013年には自社ブランドのDUOLACをデンマーク市場へ進出させ，2014年にはデンマーク市場の15%を占めるようになった。デンマーク市場に安定的に定着したセルバイオテック社は，フィンランドで行ったビタフード2014の新製品ゾーンにDUOLACを紹介し，フィンランドのグローバル製薬会社であるサンドスと戦略的提携を結ぶことでフィンランド市場へ進出した。他にも，自社の技術力を高め，現地化を進めるためにデンマーク王立工科大学と乳酸菌治療剤に関する共同研究を進めるなど，営業活動だけではなく，技術力の向上にも注力した。

　このような組織改編と共に積極的な海外進出，そして自社ブランドに対

[図表 3‒2‒11]　Cell Biotech社の細胞工学研究所の組織構成（2010年〜2016年）

出典：Cell Biotech社のIR資料，韓国電子公示システムから筆者修正

[図表 3‒2‒12]　Cell Biotech社の売上（2010年〜2016年）

単位：億ウォン

	2010年	2011年	2012年	2013年	2014年	2015年	2016年
売上	182	215	259	316	408	495	583
営業利益	53	56	65	94	129	188	216

出典：Cell Biotech社のIR資料，韓国電子公示システムから筆者修正

する攻撃的な投資はセルバイオテック社の売上に多大な影響を及ぼし，2010年のDUOLACブランドの開始と2012年のブランドリニューアル，そしてデンマークを中心としたヨーロッパ市場への進出などにより，売上は2010年の182億ウォンから2016年に583億ウォンまで増加した。

⑹　第二成長期（2017年〜現在）

①　経営環境と企業のマネジメントとの関係

　2017年は韓国社会にとって大きな変化があった時期である。韓国の歴史上はじめて大統領が弾劾され，政治的に混乱した時期でありながら，国民の政治への参加意識が高まった時期でもあった。新しい政府の登場は，韓国の政治的な特性上，政策の持続性が途切れるリスクが高く，特に小さな政策の変化にも影響を多く受けるベンチャー企業は今後の動きについて敏

[図表 3 - 2 -13] 2017年～現在までのCell Biotech社の経営環境（PEST）の変化，経営戦略，経営組織

区　分		内　容
経営環境	社会的	●所得の増加，Well-beingトレンド ●健康維持への関心度増加 ●製薬会社のプロバイオティクス市場への参入
	技術的	●プロバイオティクスを利用した医薬品の開発 ●マイクロバイオーム分野の台頭
	経済的	●健康機能食品の市場の拡大
	政治・法的	●ベンチャー・創業資金生態系好循環計画 ●K-Globalプロジェクト ●第３次生命工学育成基本計画（2017）
経営戦略		①戦略的意図に基づくコア資源の獲得 　●抗がん剤治療用乳酸菌２種の特許取得（2018） 　●第４工場完工（バイオ医薬品，2019） ②経営資源の配分・活用 　●乳酸菌化粧品（LACTOClear），Oil Drop製品販売開始（2017） 　●販売チャンネルの多角化➡DUOLAC（薬局販売）とNutra DUOLAC（ドラックストア） 　●国内外の博覧会に参加➡ブランド認知度の増大 　●One Stop Solution構築（品質管理）
経営組織		●セルバイオテック・フランスの設立（2017） ●研究開発部門の改革（WC300，パーマバイオテックス，臨床チーム，工程分析チーム）

感に反応していた。しかし，新政権は前政権の政策の問題点であったベンチャー企業に対する規制を緩和し，VCに対する様々な支援策を発表した。また，ベンチャー企業確認制度を民間中心に改編し，創業企業への負担金および税金を下げる内容などを発表した。このようなベンチャー企業政策は幸いに前政権から大きく変わらず続き，K-Globalプロジェクトなどは持

続的に進行・発展している。

　バイオ分野においても，2016年を基準に第 2 次生命工学育成基本計画が終了し，新しく2017年に第 3 次生命工学育成基本計画が立ち上がった。内容を見ると，国民の健康，安全な食材，エコ素材のエネルギー，グローバル先導，主力産業の成長の 5 つを軸に，グローバルバイオ市場の占有率を2015年の1.7％から2025年には5.0％まで引き上げることを掲げ，そのための 4 大目標としてグローバル新薬候補物質の創出，技術基盤の新規雇用を12万名創出，グローバル技術輸出額500％増加，バイオ R & D による社会問題解決を提示した。そして，目標達成を通じてバイオベンチャー生態系の好循環を構築するという意思を表明した。

　このような雰囲気の中で，プロバイオティクスに対する技術力もさらに発展した。腸疾患治療剤の場合，臨床実験レベルから常用化の前段階まで進展した。また，人体に住んでいる微生物とそれらの遺伝体であるヒトマイクロバイオームと関連した研究を活発に行い始めた。マイクロバイオームとは，NGS（Next Generation Sequencing，次世代塩基配列）の遺伝情報技術とデータ分析が導入されて浮上した分野である。39兆個にのぼる微生物を遺伝子単位で分析できるメタゲノミクスにより，Second Genome とも呼ばれる。国内外でマイクロバイオームが腸疾患と感染疾患との相関性を持っていることが明らかになり，多くのマイクロバイオームに関する臨床実験が行われた。

　社会的にも韓国の 1 人当たりGDP増加（ 3 万ドル達成，2018年）とWell-beingが生活に浸透するようになり，国内外の製薬会社が医薬品だけではなく，健康機能食品分野にも進出し始めた。特に，プロバイオティクス分野の成長性を体験した多くの企業が，様々な製品群でプロバイオティクス市場へ進出した。その結果，韓国のプロバイオティクス市場の規模は2016年の1,903億ウォンから2019年には6,444億ウォンまで大きくなった。

　セルバイオテック社も経営環境の変化に応じて2009年から始めた化粧品関連研究が結実し，新しい事業分野として化粧品事業を展開し，ラクトクリア（LACTO Clear）というブランドを立ち上げた。ラクトクリアはプロバイオティクスの発酵物を活用して均衡的なスキンフローラルの助成を手伝うラクトパッド（LACTOPAD）という核心成分が入っている化粧品である。ラクトパッドはセルバイオテック社の乳酸菌から抽出した成分であり，肌の改善効果があるので塗るだけはなく，食べたり医療用成分として使ったりすることもできるので他の分野にも拡張できる成分である。現在は5種類の化粧品を販売しており，今後重要な事業分野として力を入れている。

　次に，多角化の一環として進めている腸疾患の治療剤に関する研究もさらに進行し，2018年にはそれまでの研究から得られた乳酸菌由来抗がん物質であるP8の特許を取得し，続いて乳酸菌薬物伝達システムと抗がん治療用再組合乳酸菌の2種に対する特許も取得した。また，バイオ医薬品の臨床試験をするための第4工場を建設し，2019年7月に完工した。これを通じて30名以上の修士・博士レベルの微生物専門家が乳酸菌だけを研究する環境を確保することができ，特に韓国の保寧製薬とJW中外製薬で抗がん剤の開発を担当したチェ・ジョンウン博士を常務理事として迎え入れ，抗がん剤研究能力を強化した。

　このような研究開発への多大な投資は種菌の開発，安全性および機能性実験，発酵，製品生産，流通および専門家を通じた販売が有機的に行われるワンストップソリューションシステムを構築することを可能にし，セルバイオテック社がプロバイオティクス企業から医薬品専門企業へと変化していることを意味する。

　反面，今までセルバイオテック社の代表的な商品であるDUOLACが巨大な壁に突き当たってしまった。韓国の有名製薬会社が次々とプロバイオ

[図表 3‐2‐14]　Cell Biotech社のOne Stop Solution

```
┌──────────┐   ┌──────────┐   ┌──────────┐   ┌──────────────┐
│ 全発酵    │ ⇨ │ 接種     │ ⇨ │ 本発酵    │ ⇨ │ 回収         │
│（種菌準備）│   │（種菌接種）│   │（大量発酵）│   │（乳酸菌体回収）│
└──────────┘   └──────────┘   └──────────┘   └──────────────┘
                                                        ⇩
┌──────────┐   ┌──────────┐   ┌──────────┐   ┌──────────────┐
│ 乳酸菌    │ ⇦ │ 粉砕     │ ⇦ │ 凍結乾燥  │ ⇦ │ 二重コーティング │
│ 原末     │   │          │   │（水分除去）│   │（タンパク質／多糖│
│          │   │          │   │          │   │ 類コーティング） │
└──────────┘   └──────────┘   └──────────┘   └──────────────┘
```

出典：Cell Biotech社のIR資料，韓国電子公示システムから筆者修正

ティクス市場へ進出しながら，自社のブランド力と流通チャンネルを活用してセルバイオテック社の主な舞台であったプロバイオティクス市場を脅かすこととなった。特に，鍾根堂健康がラクトフィット（Lacto-Fit）を2017年に販売開始して以来，セルバイオテック社の市場占有率は徐々に落ちていた。鍾根堂健康のラクトフィットはセルバイオテック社の販売戦略とは正反対の多様な販売チャンネルおよび価格競争力を武器として市場を攻略した。例えば，セルバイオテック社はDUOLACを高い含有量のプレミアム製品として広告し，1カ月分の価格が約6万5千ウォンである。一方，鍾根堂健康のラクトフィットは月6～7千ウォンに過ぎない。また，販売チャンネルもセルバイオテック社は専門的なイメージのため病院と薬局を中心に販売したが，鍾根堂健康は通信販売やオンラインモールを中心に販売した。つまり，セルバイオテック社はより専門的なイメージ構築に力を入れた反面，鍾根堂健康はいつでも気軽に接することができる戦略をとった。これは，プロバイオティクス市場が大きくなると同時に消費者の傾向が既存の機能性重視から接近性へと変化したことを意味する。このような市場の変化にセルバイオテック社は既存の1位という位置に安住してしまい，後発企業である鍾根堂健康に追い越されたと言える。

　鄭社長は鍾根堂健康の販売戦略を研究し，DUOLACの販売戦略を大幅

に修正した。まず，既存の販売チャンネルであった病院と薬局に加え，2017年には既存のDUOLACより気軽に摂取することができるNutra DUO-LACを新設し，韓国のドラックストアであるオリーブヤングに販路を開拓し，続いて2018年には韓国のセブンイレブンと免税店まで販売チャンネルを拡大した。また，2019年6月には，ソウル牛乳社と共同でデュオ・アン（安）を発売し，ソウル牛乳が確保している流通網を最大限活用して消費者との接点を最大限確保しようとした。

　このように，セルバイオテック社は自社のコア技術であるプロバイオティクス分野を中心に関連多角化を進め，新たな事業分野の開拓を通じて自社の限界点であった健康機能食品のイメージから脱却し，専門医薬品企業へ成長するための準備過程に入ったと言える。ただ，国内市場1位という位置に安住してしまい，市場の変化に早く対応できなかったため，後発企業に追い越された。しかし，自社の販売戦略を補完して，自社のブランド力をさらに強化する足掛かりを準備した点で今後のセルバイオテック社は期待できる。

② 企業マネジメントと成果との関係

　2017年を起点としてセルバイオテック社は自社の組織構成を既存の健康機能食品企業から医薬品専門会社へ進化するために再編した（**図表3-2-15**）。まず，研究組織については，既存の3チーム体制から4チームへと拡大した。4つのチームはWC300，パーマバイオテックス，臨床チーム，工程分析チームで構成されている。WC300チームは乳酸菌の薬物伝達体，細胞内作用のメカニズム，非臨床実験及び分離・精製などの研究を遂行するチームとして細分化された。パーマバイオテックスチームは，GMP工程の最適化，菌株の管理及び機能改善と分析，政府課題・特許及び機能性研究，NGSを利用したマイクロバイオームなど遺伝子探索のような分野へ

[図表3‐2‐15] Cell Biotech社の各研究チームの人材配置

チーム／パート	博士	修士	その他	合計
パーマバイオテックス	3	9	2	14
WC300	6	6	-	12
臨床チーム	1	1	1	3
工程分析チーム	-	5	8	13
合計	10	21	11	42

出典：Cell Biotech社のIR資料，韓国電子公示システムから筆者修正

細分化して運営している。臨床チームは自社製品の臨床試験を総括し，工程分析チームは製品の機能・成分分析及び化粧品開発を行うチームとして構成されている。

　このような研究組織の再編は，セルバイオテック社の技術力の増強につながり，プロバイオティクス関連技術だけではなく，上述した抗がん物質と関連した特許などを取得することになった。また，大腸がん治療剤についても，効能評価が完了し，第4工場のGMP認証のための試運転を進めているなど，製薬会社へ回帰するための治療剤開発により集中している。

　続いて，営業・マーケティング/IR（対外協力）の組織を新設し，各部門の担当役員を新しく迎え入れた。営業・マーケティング部門にはCJでマーケティング常務を務めたユ・ゼヒョク氏をスカウトし，IR部門では米国ワシントン大学のMBA課程を修了し，ロッテショッピングで常務を務めたキム・ウギョン氏を迎え入れるなど，研究分野だけではなく，営業分野においても外部の有能な人材が新しく加わることになった。そのため，セルバイオテック社の販売戦略は既存の病院・薬局を中心とした流通チャンネルからドラッグストア，コンビニ，そして最近は韓国内の大型流通チャンネル（コストコ，イ・マートトレイダーズ）にも進出するなどより

[図表3-2-16] Cell Biotech社の売上（2017年〜2019年）

	2017年	2018年	2019年
売上	611	625	440
営業利益	226	217	73

出典：Cell Biotech社のIR資料，韓国電子公示システムから筆者修正

多様化された。

　また，海外販売部門においても大きな変化が生じた。まず，ヨーロッパ市場の売上増大と販路拡大のため，既存のセルバイオテック・ヨーロッパA/Sに続いて，セルバイオテック・フランスを設立（2017年）した。これによりセルバイオテック・ヨーロッパA/Sは北ヨーロッパを中心に，セルバイオテック・フランスはフランスおよび南ヨーロッパを中心に販売戦略を強化した。

　このような研究組織の強化と流通チャンネルの多様化，海外進出の拡大を通じてセルバイオテックの売上は2017年の611億ウォンから2018年の625億ウォンまで増えた。しかし，韓国内のプロバイオティクス市場の変化への対応が遅れ，かつ競合他社の成長の影響により，2019年には440億ウォンまで売上が下がった。しかし，企業体制の変化と医薬品部門の成長，そして営業部門の強化と販売戦略の変更は，セルバイオテックが再び飛翔する準備ができている企業であることを示している。

3　事例分析3（ベアリング）：株式会社ツバキ・ナカシマ

(1)　ベアリング産業の紹介

　今，世界で年間約9,000万台もの自動車が生産されている。一般的な自

動車には１台当たり100～150個のベアリングが部品として使用されている。つまり，自動車部品としてだけでも年間100億個ほどのベアリングが製造されている[12]。ベアリングとは機械の中の軸を滑らかに回転させる部品である。軸の回転を受け，支えることから「軸受」とも呼ばれている。ベアリングは摩擦を小さくする役割を担っており，航空機や電車，自動車など生活に欠かせない機械に用いられる部品である。

　ベアリングが真価を発揮したのは19世紀後半のことであった。自転車にベアリングが採用されると運転に必要な労力が大幅に軽減したことを機にベアリング業界は発展することとなった。その10数年後，自動車が誕生し自転車に使用されていたベアリングが受け継がれ順調に発展を続けた。20世紀に入り，米国ではフォードが世界初の自動車の大量生産方式を考案しＴ型フォードが開発されると一般大衆でも手が届く製品となり，自動車産業が急速な発展を遂げるとともに重要な部品であるベアリング産業も急成長を遂げ，製品の多様化も進んだ。

　日本に初めてボールベアリングが紹介されたのは明治43年にスウェーデンのSKF社がサンプルを送ってきたときである。日本で国産化が企画されたのが大正３年であったが，昭和12年からの20数年間はSFK社を中心とした外国製品が主流であった。戦時体制に入ると，ベアリングは国の要請によって軍需産業として育成された。昭和30年になると日本経済は高度成長期をむかえ，自動車工業を中心とした各種機械工業の発展とともにベアリング工業界も革新的な発展を遂げた。この時期に政府は保護政策と近代政策を打ち出しており，これは日本のベアリング工業が発展し，国際水準レベルまで到達したことの大きな要因となった。戦後にはコンピューターエレクトロニクス，航空宇宙産業へとさらに汎用性を高めており，現在のベアリング市場規模は約６～７兆円と推計されるほどの産業へと成長を見せている。しかし，近年は電気自動車の誕生により従来の自動車に使用され

るベアリングの数が減少しているという問題がある。

　次にベアリング業界の特徴をみてみる。機械系産業で必要不可欠な部品であることから「機械産業のコメ」と呼ばれているベアリングであるが，この点にこそ産業的特徴がある。ベアリングの需要は自動車と機械が大半を占めている。故にベアリング業界は他の機械系産業に影響を受け易いという特徴を持つ。実際，リーマン・ショックによって自動車の生産台数が激減した2009年にはベアリング業界も前年度に比べ30％程度落ち込んでいた。また，2011年の東日本大震災によって東北地方の自動車関連工場が被害を受けた際にも自動車の生産台数の減少に伴ってベアリングの生産数も大きく減少していた。

　第二にベアリング業界は生産の自動化が進んだ装置産業で量産効果が大きいため，自動車用ベアリングにおいては大手４社を中心に市場が形成されているという特徴を持っている。しかし，ベアリングは要求される品種が多岐にわたることから小ロット品を製造している中小メーカーも数多く存在している。

(2)　株式会社ツバキ・ナカシマの事例紹介

　株式会社ツバキ・ナカシマ（TUBAKI NAKASHIMA CO., LTD.）は世界最高の球面加工技術を保有している鋼球・精密機械製造企業である。ツバキ・ナカシマの製品は多様な輸送機器，家電製品，工作機械，ロボット，ドローン，自動化設備，ボールペン，化粧品用スプレーなど，人々の生活に密接している製品に使われている。

　ボールペンと電気自動車（EV）は全く違う製品であるが，その性能を左右する共通の部品が鉄やセラミックなどで作る精密な球（ボール）である。ボールペンの先っぽで転がるボールは中にあるインクが漏れたり使う際に汚れが生じたりすることを防止するためには完璧な球状に近い精密さ

[図表 3 - 3 - 1]　株式会社ツバキ・ナカシマの会社概要

社名 （英名）	株式会社ツバキ・ナカシマ (TUBAKI NAKASHIMA CO., LTD.)
代表執行役社長	廣田　浩治
創業/設立	1934年創業　/　1936年 6 月 1 日設立
本社所在地	奈良県葛城市尺土19番地
資本金	168億3,094万円（2019年度12月末）
売上高	645億6,300万円（2019年12月期）
事業内容	球軸受用鋼球，セラミック球，超硬合金球，ガラスボール，プラスチック球，カーボン鋼球などの各種産業用精密ボール，円錐ころ，円筒ころ，球面ころなどの軸受用及び各種産業用精密ローラー，リテーナー，ボールねじ及び遠心送風機等のリニア製品の製造販売
従業員数	3,009名
会社構成	椿鋼球株式会社
主な国内拠点	奈良（本社），大阪，長崎，名古屋，東京，岡山
主な海外拠点	アメリカ，イギリス，オランダ，イタリア，ポーランド，スロバキア，ボスニア・ヘルツェゴビナ，中国，インド，タイ，シンガポール，台湾，韓国

出典：株式会社ツバキ・ナカシマHPより筆者修正

　が要求される。そのボールペンのボールの国内市場の90％以上を占めている企業が今回紹介するツバキ・ナカシマである。

　ツバキ・ナカシマは1934年に自転車用の鋼球を製造する会社として創業した椿本精工と，1905年に創業し，昭和初期から電気駆動バスなどを製造した中島製作所が1996年に合併して誕生した会社である（**図表 3 - 3 - 2**）。

　2015年12月に東証一部へ上場した当時の株価は 1 株当たり1,620円だったが，米国の電気自動車（EV）製造会社であるテスラ（TESLA）にツバキ・ナカシマのセラミック球が採択され，2017年 2 月には 1 株当たり2,000

116

[図表 3 - 3 - 2] ツバキ・ナカシマの沿革

1934年	近森小三郎が東洋鋼球製作所として創立，自転車用鋼球の生産販売を開始
1936年	森居嘉一郎が合名会社東洋鋼球製作所を設立
1939年	東洋鋼球製造株式会社に改組し，椿本説三が初代社長に就任
1941年	クロム鋼球の生産販売を開始
1951年	JIS設定工場となる
1954年	椿本鋼球製造株式会社に社名変更
1958年	ナイロン，ステンレス，黄銅等特殊ボールの生産に入る。超硬合金球の生産販売を開始
1959年	ボールねじの生産販売を開始
1961年	東京証券取引所市場第二部，大阪証券取引所市場第二部に株式上場
1968年	株式会社椿本精工に社名変更
1969年	郡山工場完成，稼働。ボールブッシュの販売を開始
1970年	転造ボールねじ，転造ボールスプラインの生産販売を開始
1973年	セラミック球の生産販売を開始
1980年	ルクセンブルク証券取引所に上場
1981年	精密位置決めテーブルの生産販売を開始
1982年	精密ボールウェイの生産販売を開始
1983年	精密ボールスプラインの生産販売を開始
1986年	在庫ボールねじ，セラミック球ねじ，中空ボールねじ，位置決めテーブルLMP型の生産販売を開始
1988年	東京証券取引所市場第一部，大阪証券取引所第一部に市場指定
1990年	米国フーバー社鋼球部門を買収
1996年	株式会社中島製作所と合併し株式会社ツバキ・ナカシマとなる
2002年	椿中島機械（太倉）有限公司を設立
2003年	ポーランド・国営FLT社よりZET社を買収
2006年	中国・重慶鋼球有限責任公司を買収
2007年	TNNインベストメント株式会社の完全子会社となる株式交換により東京証券取引所，大阪証券取引所上場廃止
2010年	台湾椿中島股份有限公司を設立 Tsubaki Hoover India Pvt.,Ltd.（現：TN INDIA PRIVATE LIMITED）を設立
2013年	シンガポールにTsubaki Nakashima Global Pte.,Ltd.（現：TN ASIA PTE. LTD.）を設立 イギリス・Spheric-Trafalgar Ltd.社（現：TN UNITED KINGDAM,LTD.）を買収 タイ・Spheric-Trafalgar (Thailand) Ltd.社（現：TN RAYONG LTD.）を買収
2015年	Tsubaki Nakashima Korea Co.,Ltd.（現：TN KOREA CO.,LTD.）を設立 東京証券取引所市場第一部に株式再上場
2017年	米国NN社PBC事業部門を買収

出典：株式会社ツバキ・ナカシマHPより筆者作成

円を突破するなど，高い技術力とグローバル市場での競争力を持っている
会社である。

　米国の精密球製造会社であるNNの調査（2015年）によると，精密球全
体の世界市場シェアはツバキ・ナカシマが28％を占め，続いて天辻鋼球が
26％を占めており，特にセラミック分野においては相手がいないと言える
ほどツバキ・ナカシマは強い技術力を磨き上げている。ここでは株式会社
ツバキ・ナカシマを4つのフェーズに分けて事例分析を行う。

(3)　生成期（1934年〜1959年）

①　経営環境と企業マネジメントとの関係

　第一次世界大戦後，日本は戦後恐慌や震災恐慌によって慢性的な不景気
が続いていた。当時の浜口内閣は金本位制を復活させるも世界恐慌のデフ
レと重なり昭和恐慌が発生し国内のあらゆる産業の業績が悪化していた。
さらに日本フォード，日本GMの資本進出を受け自動車業界は厳しい状況
下にあった。政府は1931年に重要産業統制法を制定し，1936年には自動車
製造事業法を制定させて自動車産業を保護した。当時の国内で生産された
自動車はトラックが主であり，軍需として生産されており，民間への自動
車の供給は輸入完成車と輸入組立車のみであった。当時はエンジン，トラ
ンスミッション，アクセルなどは欧米企業からの輸入品に頼り，エンジン
のスケッチを行っていたことや国の保護政策を受けていたことから1930年
代の日本の自動車業界は欧米先進国からの技術導入を受けながら政治的・
軍事的背景をもとに発展を遂げていたといえる。また，自転車分野におい
ても第一次世界大戦の影響により，輸入が途絶えたことをきっかけに，国
産化が進み，その集積が堺に位置することになった。

　しかし，1939年9月から第二次世界大戦がはじまり，経営環境は大きく
変化した。終戦まで続いた総動員法により国民は非常に厳しい生活を送ら

[図表3-3-3] 1934年～1959年のツバキ・ナカシマの経営環境（PEST）の
変化と経営戦略，経営組織

区 分		内 容
経営環境	社会的	●国産振興運動 ●敗戦後，国民の消費意欲の高まり 　➡ステータスシンボルが自転車から自動車へと変化
	技術的	●自動車産業では欧米企業から技術導入 ●軍用車から民間用乗用車へと技術移転 ●自転車の国産化（堺に多くの自転車部品メーカーが集積） ●1950年代の新球度：0.2μm程度（現在のJIS規格G10）
	経済的	●日本フォード，日本GMの資本進出（1932） ●戦時統制経済（1931） ●軸受の統制価格が撤廃され，自由価格となる（1949） ●戦後，朝鮮戦争（1950）による朝鮮特需➡高度経済成長 ●戦後，海外進出の拡大
	政治・法的	●戦時統制経済政策の実施：重要産業統制法制定（1931），自動車製造事業法制定（1936），自転車の配給制，公定価格制（1940） ●外国軸受の輸入途絶（1940） ●重要機械製造事業法が制定（1941），精密機械統制会設立（1942） ●戦後，GHQによる統制 ●日本ベアリング協会設立（1945），軸受処理協議会設立（1946） ●JISC（1946）及びJISの誕生（1949）
経営戦略		①戦略的意図に基づくコア資源の獲得 　●炭素鋼球製造を経験した高橋松次郎をスカウト 　●森居嘉一郎，伏山英司，今村松次郎の出資➡戦時経済統制により森居嘉一郎だけ残り，椿本説三が経営参加 　●朝鮮戦争による売上増加➡資本金の増資，設備資金に充当 　●生産設備の改善 ②経営資源の配分・活用 　●工場設備の拡大（工場2棟➡7棟） 　●営業活動の拡大（軍需産業➡東京出張所の開設（1950）） 　●ボールペン用ボール（1948），パチンコボール（1951）の開発・製造 　●ベアリング用鋼球市場へ進出
経営組織		●創業者：近森小三郎（1934）➡初代社長：椿本説三（1939） ●事務部と工務部の二部制➡4部8課，技術委員会，東京出張所（1956） ●労働組合の結成（1946），戦時体制の改善（身分制の廃止，週末休日） ●社名変更（東洋鋼球製造株式会社➡椿本鋼球製造株式会社（1954））

なくてはならなかった。こうして戦時体制となり自転車も配給制・公定価格制になった。また，外国に依存していた軸受（ベアリング）の輸入が途絶され，国産化が進んだ時期でもあった。そして，戦時統制経済により，重要35機種の助成と統制を目的とした重要機械製造事業法が制定され，軸受工業はその適用業種に含められ，軸受の計画的増産体制が促進されることとなり，それを管理する精密機械統制会が設立（1942年）された。

　敗戦後のGHQによる統制により軍需工場は民需工場へと転換せざるを得なかった。自動車についても同様に従来の国内で生産された軍需としての自動車生産は廃止された。しかし，トラックのみ生産が許可されていた。40年代になっても自動車産業の技術水準は欧米に遅れを取り，トヨタ以外の自動車メーカー各社は各々が欧米企業と技術提携を結んだ。これら各社は自動車の生産を請け負う中で技術を学び，部品の国産化を目指した。より体系的な部品の国産化を進めるために，日本ベアリング協会[13]（1945年）と軸受処理協議会（1946年）が設立された。そして，JISC（日本工業標準調査会）が1946年に発足し，日本の工業標準化の促進を目的とする工業標準化法に基づき，JIS（日本工業規格）が制定されるなど国内の部品産業は着実に基礎を築いた。また，軸受の統制価格が撤廃（1949年）され，自由価格となり，企業活動がより活発になるきっかけとなった。

　1951年に朝鮮戦争が勃発し，日本は朝鮮特需という好影響を受け，インフレになった。54年から高度経済成長を迎え，日本は敗戦後すぐに好景気を経験した。国民の消費意欲は高まり，耐久消費財需要が爆発的に増加した。これは自動車産業にとっても追い風となり1950年代の自動車保有台数は100万台を超えていた。また，三種の神器が普及するなど家電製品需要も増加した。この時代にトヨタが初の純国産車を販売するなど日本も欧米先進国を追随するように技術力を着実に高めていた時期である。

　1950年代，米国は先進技術製品，欧州は伝統的重工業品，日本は軽工業

品に対して比較優位性を有していた。このことからもまだまだ日本の技術は欧米先進国に追いついていないといえる。

　このような経営環境の中，1934年に近森小三郎が東洋鋼球製作所として会社を設立し，自転車用鋼球の生産販売を開始した。近森小三郎は，堺を中心に自転車集積が作られることでその部品に入る鋼球の可能性に気づき，大阪で炭素鋼球の製造を経験した高橋松次郎を迎え，工員約10人と工場2棟で鋼球製造にとりかかった。しかし，近森氏は病気に倒れてしまい，代わりの経営者を求めたところ，当時の出入り業者の仲介で磐城村尺土の森居嘉一郎が工場経営に乗り出すことになった。森居氏は工場を現在の葛城工場の場所に移転し，会社を立て直すため，合名会社東洋鋼球製作所とした。

　しかし，戦時体制により1938年6月に鉄鋼配給統制規定が制定されたことで急速に悪化し，出資者の伏山英司，今村松次郎が会社から手を引いた。森居は経営体制を安定化させるため，同郷の企業家，椿本説三を訪ねて経営参加を要請した。これに対して，生まれ故郷の産業発展を念願する椿本説三は「鋼球は製品としてもおもしろく，故郷の事業として二，三男坊の就職もできる。採算は二の次として引き受けてみる」といい，経営に参加することになった。椿本の参加後，会社は東洋鋼球製造株式会社に改組し，椿本説三が初代社長として就任した。

　就任後，国内での自動車や産業機械の国産が進んでいることに気づいた椿本は既存の自転車用鋼球の生産を拡大し，クロム鋼球の生産・販売を開始した。そのため，工場設備にも莫大な投資を行い，既存の2棟から7棟まで拡張し，様々な作業設備，器具，営業用什器などを導入した。

　戦時統制が続く中，1941年の太平洋戦争の勃発により，戦時経済の制約が強化された。反面，軍の需要は高まり，同社は1942年に軍需産業の統制機関である精密機械統制会の会員工場となり，海軍の指定工場として大阪

府堺市の旭精工から下請け受注し，軍需用鋼球を生産するようになった。

　しかし，1945年の敗戦後に椿本は一旦会社を解散させたものの，鋼球は基礎部品であるところから需要が見込めるものと判断し，1945年10月，会社を再開した。会社の再開には①不足機械の補充，②破損機械の修理，③戦時の勤務体制を旧に復すという 3 つの問題が存在したが，一つ一つ解決し，1949年に制定されたJISの基準に合わせてJIS認証工場となり，商品の品質と精度が国内の取引先に認められるきっかけになった。JIS認証工場は当時の競業他社であった天辻鋼球（1953年JIS認定）より早かった。一方，1948年のボールペンと1949年のパチンコ店の出現は既存の軍需だけではなく，民間市場にも鋼球の需要が高くなり，同社でもそれに合わせて東京出張所の設立と事業拡大を図った。

　そして，1950年 6 月に勃発した朝鮮戦争は，鋼球の需要に影響を及ぼし，比較的多額の受注を獲得した。これを基に会社の資本金を増資し，設備資金に充当させることができた。設備資金の充当は，即機械設備の改良・導入に投資された。しかし，全体的な生産性を上げるためには工場単位の設備更新が必要であると認識し，1953年の新工場の建設から最新の工程と機械が導入された。

　1951年，当時の主な商品は自転車用鋼球，ボールペン用小径鋼球，パチンコ玉であったが，鋼球メーカーとして成長するためにはベアリング用鋼球に進出する必要があると椿本は考え，ベアリングメーカーの光洋精工と業務提携を行い，ツバキ・ナカシマはベアリング鋼球製作に必要な技術を得ることができた。

　1954年には社名を椿本鋼球製造株式会社へと変更し，既存のクロム素材だけではなく，軍の需要に合わせて磨いた技術をもってナイロン，ステンレス，黄銅などの特殊ボールの生産もできるようになった。そして，既存の鋼球をベースとしたボールねじの開発に成功し販売を開始するなど，戦

後の軸受けの需要に合わせて事業拡大を図った。

②　企業マネジメントと成果との関係

　創業当時は組織図が必要ないほど簡素なライン組織であった。そして,徐々に会社の規模が大きくなり,1951年から職制ならびに業務分掌事項が制定された。業務分掌としては4部8課および技術委員会,東京出張所が設けられた。

　まず,製造部は,生産を担当する工場と取引先のニーズに合わせた試作品を作る技術委員会で構成し,工場ラインでは,工場長→作業課長→職工という簡素化を行い,生産の効率化を図った。次に,既存の関西を中心に営業活動を行ったが,売上を増加させるためには新たな市場開拓が必要だったため,東京出張所を1950年に設立した。

　また,1945年に労働組合法が公布され,同社でも1946年に,東洋鋼球労働組合が結成され,課長以下のほとんどが組合に加入した。組合は,戦時体制の改善を求め,職員,工具の身分制の廃止,工具の休日を月2回から週末にするなどの要求を掲げ,従業員のモチベーションを上げた。

[図表3-3-4] ツバキ・ナカシマの組織図 (1951年)

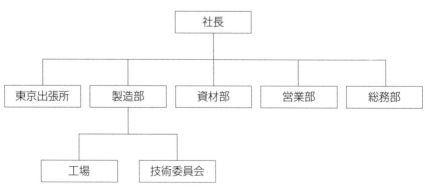

出典：『椿本精工50年のあゆみ』から筆者修正

　このような組織の整理と生産，販売の合理化と積極化を図った結果，売上が1942年の21万円から，朝鮮戦争の勃発と東京事務所の設置により1950年には2,824万円まで上がった。しかし，ツバキ・ナカシマは現状に留まらず，事業拡大のために，1959年に大阪地区の店頭に自社の株式を公開した。

(4)　形成期（1960年〜1996年）

①　経営環境と企業マネジメントとの関係

　1960年代に入っても経済成長が続き，日本では，経営環境の変化が見られた。このことについて国際貿易投資研究所の研究主幹である篠井保彦（2000年）は論文の中で以下のように述べている。「戦後直後の原材料・素材加工型製品，軽工業・雑貨品の輸出が中心であった日本は，戦略的な重点的投資の結果，60年代には鉄鋼，船舶など重厚長大型産業製品が輸出製品として台頭し，さらに1970年〜1980年代には電子・電機機器，輸送機器，精密機器など加工組立型製品に大きく比重を移している。」

　つまり，この時期に1954年に始まった高度経済成長による好景気のもとで技術革新が起こり，技術力を高めた日本は輸入中心から輸出中心へと経済構造を大きく変化させたのである。また，米国で大気浄化法（1963年），マスキー法（1970年）が制定され，日本でも大気汚染防止法（1968年）とエネルギーの使用の合理化等に関する法律（1979年）が制定されるなど60年代〜70年代は環境問題に対して注目が高まった。

　このように国内外で環境汚染への規制や対策の重要性が高まるなか，日本の自動車メーカーを中心とした産業界では環境に良い製品の開発に乗り出した。さらには1973年と1979年に始まったオイルショックによるガソリン価格の高騰は消費者が燃費の良い自動車を求めるようになったことに影響を与えた。実際に1980年代にはエコランシステムが搭載された自動車が

[図表 3 - 3 - 5] 1960年〜1996年の経営環境（PEST）の変化と経営戦略，経営組織

区　分		内　　　容
経営環境	社会的	● モータリゼーション ● 輸送機器の需要増加 ● 製造業における機械産業の重要度の高まり ● 家電製品の普及
	技術的	● 自動車メーカー各社によるエンジン技術競争 ● 家庭用ビデオデッキの出現による高い精度の鋼球の需要拡大 　➡真球度0.1μm（JIS規格G 5 ）から真球度50nm（0.05μm，JIS規格G 3 ）まで向上 ● NC工作機械時代の到来
	経済的	● 高度経済成長期 ● 日米貿易摩擦（1950年代：繊維製品，1960年代：鉄鋼製品，1970〜1980年代：電化製品・自動車） ● レーガノミクスによる円安（1981）➡プラザ合意（1985） ● 日米構造協議（1991，1992） ● 自動車部品への関税が残る（自動車へはゼロ）
	政治・法的	● 米国の大気浄化法（1963），マスキー法（1970） 　➡大気汚染防止法（1968），エネルギーの使用の合理化等に関する法律（1979） ● 自動車対米輸出の自主規制（1980） ● 通商産業省，ベアリングを含む275品目の輸入自由化を発表（1960） ● 機械工業振興法による軸受製造業振興基本計画を告示（1961） ● ボールねじの制定（1967，JIS B 1191）
経営戦略		①戦略的意図に基づくコア資源の獲得 　● 大阪取引所第二部（1960），東京証券取引所市場第二部（1961）に株式上場，資本金が 8 千万円から 2 億円まで増大➡東京・大阪両証券取引所第一部上場（1988） 　● ボールねじの設計理論と試作の研究を名古屋市工業研究所に依頼（1958〜1961）➡ボールねじ生産の本格化（1960） 　● 米国ビーバー社と技術提携（1963）➡米国進出のためビーバー社との契約を解消（1971） 　● 戦前から稼働した機械➡機械設備の近代化（国内外の新鋭機導入） 　● コンピューターの導入（1974）➡CADシステムの導入（1984），全社の情報システム化完成（1985）

	● 海外企業の買収：米国フーバー社の鋼球部門（1990），メキシコのバルメック社（1995） ②経営資源の配分・活用 ● 製品の多角化（軸受用，特殊機械用，自転車用） ● 第 3 工場，第 4 工場の建設（1957），ボールねじ専門工場建設（1960） ● 一貫工場（Ａ工場）の建設（1967）➡全工場のライン化 ● 郡山工場の建設（1969），葛城工場の改善（1964～1974）
経営組織	● 2 代目社長：宮崎重男就任（1964） ● 社内報創刊「やくしん椿」（1963～1972） ● 大阪営業所の設立（1957），名古屋営業所の開設（1959） ● 営業部組織の改正（鋼球営業部，ねじ営業部（1967）） ● 社名変更（1968）：株式会社椿本精工 ● 3 代目社長：近藤高敏就任 ● TQC（総合的品質管理活動）の導入（1982） ● 海外へ駐在員派遣，三菱商事と協力（1977） ● 市場背景の変化により，鋼球営業部・ねじ営業部の合併（1987） ● 広島，厚木，三河，大宮出張所の開設（1987）

初めて登場した。

　このような環境にやさしくて効率が良い製品を作るためには，基礎用部品である鋼球とそれを活かしたボールねじの精度をどうやって高めるかが課題であった。また，通商産業省はベアリングを含む275品目の輸入自由化を発表（1960年）し，続いて機械工業振興法による軸受製造業振興基本計画（1961年）を告示するなど，激化する世界市場の変化を向き合うための企業の競争力がより強調されるようになった。

　一方，日米貿易摩擦の被害を最小限に抑えるとともに，強大な米国市場を開拓するため，日本の各自動車メーカーを中心に米国進出が次々と行われた。その背景には，①日米貿易摩擦が原因で日本は自動車対米輸出を自主規制したことと，②プラザ合意による円高がある。このような海外への積極的な進出は，国内の中小企業にとっては大いなる脅威でもありながら，

新たな市場拡大の機会でもあった。

　そのような激しい環境の変化の中で，ツバキ・ナカシマは中小企業の大きな問題点である資金調達を解決するため，1961年に東京証券取引所市場第二部と大阪取引所第二部に株式を上場し，事業拡大のための資金集めを行い，資本金は株式会社に改組した15万円から2億円まで増大した。

　資本金の増大と共に同社は経営全般の合理化の一環として本社を現在の葛城工場へ移転し，事業ポートフォリオの再調整を行った。まず，経済成長による自動車・家電製品の普及と自転車業界の減産に合わせて自転車用鋼球の生産を減らし，新たな市場を開拓するために工夫した。1951年の製品別販売比率によると自転車用鋼球が80％で，ベアリングなどのその他類が20％であったように，自転車産業の減産は同社にとっては大きな打撃であった。市場縮小の危機を乗り越えるため，ツバキ・ナカシマはネジに鋼球を応用した「ボールねじ」について1957年から研究を始めた。そして1957年に技術部よりボールねじに関する報告書が作成され，様々な分野において応用ができると指摘した。しかし，当時の日本では需要先が少なく，工作機械業界でもボールねじに関しては研究段階であった。市場性はまだ確認できないが成長可能性は高いと判断した椿本はボールねじに関する研究を名古屋市工業研究所に設計理論と試作を1958年から1961年まで依頼し，自社のボールねじ設計方式を確立させた。

　社内でも1959年に当時の技術課の一隅に生産部門を設置し，1960年には大阪国際見本市で試作品を出品した。また，ねじ専門工場が増設され，生産に必要な技術者も増員した。工場設備にも米国から新しいねじ研削盤を導入し，本格的に生産体制を整えた。そして，1960年に神戸製鋼所で椿本鋼球製のボールねじが使用されることで大型ボールねじの国産化も進めるようになった。続いて，1963年には米国のボールねじメーカーであるビーバー社と技術提携と販売契約を行い，米国の先進技術を同社に受け入れる

ようになった。ボールねじの開発・量産は以後，ツバキ・ナカシマの新た
な収入源となり，同社の技術力を世界に広げる重要な製品となった。

　また，産業界の期待に応じて自社のコア技術である鋼球製造技術をベー
スとした転造ボールねじと転造ボールスプラインを開発し，1970年から販
売を開始した。続いて新たな素材であった非金属素材のセラミックで作っ
たセラミック球を京セラと技術協力を行い，1973年から生産・販売を開始
するなど当時の軸受けに必要な様々な素材のボールを製造し，また，関連
部品の開発に力を入れた。それに伴い，社名を椿本鋼球製造会社から株式
会社椿本精工に変更することで，事業分野の拡大を表した。

　また，業界の中でいち早くコンピューターを導入し，生産管理の標準化
を行った。そのステップを見ると，まず1970年にEDPS（電子計算機情報
処理システム）導入準備委員会を設置し，導入機種を検討した。また，当
初は本社の会計部門を中心に進めたが，コンピューターの導入で速やかな
意思決定と生産工程の効率化が進めると判断した準備委員会では，工場や
支社を含む全社のオンラインシステムへと計画を変更した。1974年6月，
IBM-システム3モデル6を導入し，ソフトはIBM社の指導を受け，自社
開発を行い，1975年8月から稼働した。続いて，自社の新たな商品となっ
たボールねじの開発に必要な設計技術の向上と開発業務の効率化のために
1984年からCADシステムを導入，そして，1985年には本社を中心に葛城
工場，郡山工場，東京支店，名古屋支店をオンラインで結び，生産・販売
に関する情報のシステム化を完成した。

　このような情報システム化により，激変する市場環境の中で，先頭で道
を開く能力と迅速な意思決定が行えるようになり，今後のツバキ・ナカシ
マの重要なプロセスとして根を下ろした。

　他方，海外進出も積極的に行い，米国のフーバー社の鋼球部門を買収
（1990年）し，続いてメキシコのバルメックス社を買収（1995年）するな

ど，当時の自動車業界の米国進出に備えて海外生産拠点を確保した。特に，ツバキ・ナカシマの海外進出戦略を見ると，既に一定設備を保有している企業を買収し，その設備と取引チャンネルを最大限活かすことが特徴である。

　一方，国内でも３回のM&Aを実施し，自社の競争力を高めた。1969年の株式会社西川精工を始め，1974年株式会社尚球社へ資本参加し，1989年には株式会社中島製作所への経営参加を行った。M&Aの理由については，西川精工と尚球社の場合，各社とも鋼球製作技術を有していたがオイルショックなどの外部の影響により経営難が続き，そこで両社の高い技術力を評価したツバキ・ナカシマが経営参加を実施した。中島製作所の場合，当時のツバキ・ナカシマの主な分野である鋼球製作ではなく，送風機を製作する会社であった。1963年の創業以来，発展を続けてきたが，1970年半ばから国内市場の経済構造の変化に対応できず，また，主力の送風機市場が低迷したため，ツバキ・ナカシマに支援を要請した。３代目社長の近藤は中島製作所の可能性と事業分野の多角化を図るため，中島製作所へ経営参加し，1996年，両社は合併して現在のツバキ・ナカシマになった。

②　企業マネジメントと成果との関係

　1964年に椿本社長が会長に就任し，宮崎重男が２代目の社長に就任した。宮崎はツバキ・ナカシマの経営方針として①高能率，高賃金を実現する，②技術革新を積極的に推進する，③新商品で新需要を開発開拓する，④精密機械工業に進出する，の４つを掲げた。その第一歩として，社内でのコミュニケーションを活性化させるため，1963年に創刊した社内報「「やくしん椿」の内容を充実させ，本社と事務所，工場の各事業所間の有機的な連携を図れるような内容で構成した。

　また，宮崎社長は国内での事業展開を拡大させるために，東京営業所に

続いて大阪営業所（1957年），名古屋営業所（1959年）を設置した。そして，営業活動の効率化と新しい市場開拓のため，1967年に営業部の組織を改正し，鋼球を担当する鋼球営業部とボールねじを担当するねじ営業部に分けた。鋼球営業部は，鋼球が製品として既に十分完成されており，その需要先もほぼ安定した部門であった。一方，ねじ営業部は，需要先の注文に応じて設計し，生産，納品する受注生産方式であり，既存の鋼球営業のやり方とは販売手法が異なったため，効率的な組織運用のため2部門へと分割した。その結果，ボールねじの売上は1968年には1億7,500万円から1974年には3億3,200万円まで増加した。

　このように，宮崎社長は国内営業拡大に向けた組織改編を行い，安定的な国内市場の確保とともに新しいボールねじ市場を開拓したと言える。また，そのような会社の成長に伴い，1968年には社名を椿本鋼球製造株式会社から株式会社椿本精工へと変更し，鋼球から工作機械部品メーカーへの転換を表明した。

　しかし，1975年に3代目の近藤社長が就任した後，なべ底不況により，1976年3月期の売上が前年同期比19.2％減で，経営欠損となり，高度成長から低成長への移行が予見された時期であった。近藤社長はこのような危機を乗り越えるためにまず，10カ年長期計画を発表した。この10カ年計画は，5カ年2期の計画として推進するもので，①自己資本比率については1975年9月期の16.3％を1980年度に30％とし，1985年には50％とする，②売上高利支払率では現在の10％を1980年度に5％，1985年には3％に低減するのが目標であった。

　この計画により，財務体質改善のための資金調達の多様化を進め，製造部門においては設備の高度化と近代化による生産性・品質向上を図った。特に経営管理体制の強化と品質向上のため，TQC（総合的品質管理活動）を導入し，品質保証活動を行った。そして，TQCの効果を高めるために，

QCサークルによる自主管理運動を主体にして5～10名程度のグループを編成し，自己の職場の改善案を検討，品質管理を実施させた。

　続いて，販売部門では実行計画へのフォロー体制を展開した。そしてコンピューターの導入による迅速な意思決定とともに海外市場の開拓につとめた。海外市場は，ツバキ・ナカシマが不況から脱出し，会社の成長を持続させる鍵だと強く信じた近藤社長は既存のビーバー社との契約を解除し，独自の輸出・販売に踏み切った。そのため，近藤社長は自ら全世界を訪れ，米国と東・西ヨーロッパ（1976年）へ出向き販路の開拓を行った。また，1975年には英ロンドンに駐在員を派遣し，ヨーロッパ向け販売は同年9月期に1億円の販売実績を上げ，その後徐々に売上を伸ばした。また，ボールねじの本場である米国市場の開拓に本格的に取り組むために1977年にシカゴに駐在員を派遣し，三菱商事の協力を得て代理店網を拡大した。特に米国市場では単純な輸出だけではなく，技術，サービスと密着したきめ細かな販売戦略を図り，輸出を大幅に引き上げた。

　このような積極的な海外進出の影響により，輸出高は1976年には10億200万円であったが1985年には28億5,400万円まで増加した。

　一方，営業組織にも大きな変化があり，1987年には広島，厚木，三河，大宮に出張所が開設された。これにより，①大阪，東京，名古屋の3大拠点，鋼球中心から機械部品部門その他の汎用品の開発によって販売の拡大をはかる，②車両メーカーの需要増に対応し，地域密着型とする，③大都市圏からの需要先工場の地方分散に対応することができるようになった。

　また，異なる市場性質により分割した鋼球営業部とねじ営業部を合併した。その理由については，NC工作機械市場の拡大と共に，ボールねじ市場も大きくなったことと，多方面にわたる商品開発と市場が拡大していることから，両営業部を一体化した。その結果，1年後の1989年には売上が約180億円まで上がった。

(5)　第一成長期（1997年〜2013年）

①　経営環境と企業マネジメントとの関係

1990年代から2013年までの期間は極めて経営環境の変化が激しい時期であるといえる（**図表3-3-6**）。

先のオイルショックに続き1993年にはバブル崩壊が起こり，日本経済は一変して不況に陥った。これにより中小企業の経営は非常に厳しいものとなり，倒産が相次いだ。そして，アジア通貨危機も広がるなど，経営環境は極めて厳しい状況であった。そこで1999年に中小企業基本法が改正され中小企業の経営の革新と経営基盤の強化，経済的社会環境の変化への対応円滑化など中小企業を保護する動きがみられた。

一方，既述の通りこの時期はバブル崩壊後に円高が続いており，各自動車メーカーと家電メーカーを中心とした多くの企業が対外投資を増加させ海外に生産拠点を増設していた。これに伴い部品メーカーの輸出も増加した。自動車の生産台数の場合，2007年には既に海外生産台数が国内生産台数を上回り，生産拠点が国内から海外へ移動し，産業の空洞化が進んだ時期でもある。

さらに，2008年のリーマン・ショックを皮切りに国際的な金融危機が起こり，また，2011年の東日本大震災の発生により超円高時代に直面した家電や自動車メーカーは国内生産を大幅に低減させ，各メーカーがさらに海外進出を拡大する大きな要因となった。それに伴い多くの部品関連企業の海外進出も活発になった。特に自動車業界の場合，新興国で低価格車市場が出現したことによって各自動車メーカーが海外現地で低コスト生産を目指したために，自動車部品メーカーは従来のサプライチェーンを変化せざるを得ない状況となっていた。その結果，自動車部品メーカーも現地生産を行うこととなった。この時期は円高の進行，日本市場の縮小，新興国の

[図表 3 - 3 - 6] 1997年代〜2013年の経営環境（PEST）の変化と経営戦略，経営組織

区　分		内　　容
経営環境	社会的	●各自動車メーカーと家電メーカーが海外に現地生産拠点を設置 ●産業全体のグローバル化➡国内で産業の空洞化が進む ●世界的に太陽光パネルの需要の拡大➡中国での大量生産➡パネルの素材は窒化ケイ素➡セラミック球の主材料
	技術的	●パソコンの普及➡ハードディスク用の鋼球需要の増加 ●1990年代後半：真球度50nm（JIS規格　G 3 ）➡2000年以降：真球度20nm（JIS規格　G10） ●90年代後半に電気自動車（GM社のEV 1 ，1996），ハイブリッド車（トヨタ自動車のプリウス，1997）が初めて販売
	経済的	●バブルの崩壊（1991）とアジア通貨危機（1997） ●リーマン・ショックによる超円高（2008） ●東日本大震災による円高（2011）
	政治・法的	●中小企業基本法の改正（1999） ●ベアリング業界（玉軸受け・ころ軸受製造業），中小企業信用保険法の特定業種に指定（2004） ●自動車から排出される窒素酸化物および粒子状物質の特定地域における総量の削減等に関する特別措置法の改正（2007）
経営戦略		①戦略的意図に基づくコア資源の獲得 　●椿本精工と中島製作所の合併➡ツバキ・ナカシマの誕生（1996） 　●東京証券取引所，大阪証券取引所上場廃止（2007） 　●再上場の申込（2012）→株式市場の地合いの悪さを理由に延期 　●海外企業の買収：ハンガリーの大宇MGMの鋼球部門（1998）・ローラー部門を買収（1999），ポーランドのZET社を買収（2003），重慶鋼球有限責任公司を買収（2006），イギリスとタイのSpheric-Trafalgar Ltd.社を買収（2013） 　●海外現地法人の設立：椿中島機械（太倉）有限公司（THT）を設立（中国，2002），台湾椿中島股份有限公司を設立（2010） 　●素材の多様化（セラミック，ガラスなど），取引先が望む素材でボールを加工 　●品質管理課を中心とした現場職が技術及び機械を改善 ②経営資源の配分・活用 　●葛城工場を中心に新技術開発➡国内外の工場に技術を伝播

	● 地産地消モデル（海外現地），地域のニーズに合わせた品質レベル 　➡為替レートのリスク，貿易摩擦を回避 ● HDDなど，騒音に敏感な製品に自社製品納品
経営組織	● 4 代目社長：近藤高規（2000） ● 事業部組織，現場中心の組織構造 ● 事業部門の子会社化（2007）

著しい経済成長を背景に自動車産業だけではなく，工業全体がグローバル化した時期であった。

　技術的にはパソコンの普及と家電製品の小型化などにより，部品のサイズも小型化が進むなか，軸受けの基礎となる鋼球には高精度の品質が要求されるようになった。1990年代後半の真球度は50nm（JIS規格　G3）であったが，技術の発達により2000年以降には真球度が20nm（JIS規格　G10）まで小さくなった。当時の真球度20nmはJIS規格の等級がまだ策定されていないサイズであったが，既に多くの事業分野（特に磁気ヘッドを使う機器）においては広く使われた。

　一方，鋼球が多く使われている自動車業界においては米国のGM社をはじめとして次々と新たな波が起こり，電気自動車の量産化が進み，ツバキ・ナカシマも電気自動車の生産・発売（1996年）を開始した。続いて，トヨタが世界で初めてハイブリッド車を販売（1997年）し，2010年代に入ると次世代自動車（米国のテスラ，2012年）が普及し始め，現在では自動運転技術の開発競争が激化しており，IT関連分野も自動車市場に参入するなど，自動車産業を取り巻く経営環境は目まぐるしく変化している。また，自動車の排気ガスを削減するための特別措置法が改正（2007年）されるなど，より環境にやさしくて効率性が高い素材と技術の開発に直面した時期でもあった。

　既存の内燃機関自動車と電気自動車の大きな違いは，エンジンの有無，

電気バッテリーの荷重に耐えられるタイヤとその付属品など，部品点数が既存の自動車よりおおよそ半数程度に減ることである。その影響により，多くの自動車部品会社は電気自動車の時代に合わせて関連技術について研究・技術や人材の確保の努力をしている。その中で多くの部品メーカーの目に入ったのがセラミック素材の活用であった。

　1990年代後半から地球温暖化防止対策として太陽光パネルの需要が拡大し，中国を中心に産業が成長した。そして，中国で太陽光パネルの生産も増産し，その素材である窒化ケイ素が大量生産された。窒化ケイ素はセラミック素材の主な材料であり，多くの部品メーカーでは，大量生産で安価になった窒化ケイ素を新たな素材として活用し始めた。

　このような経営環境の中で，1996年に椿本精工と中島製作所が合併し現在の社名となったツバキ・ナカシマは，まず，販路拡大を図るために立て続けに海外の企業を買収した。1998年と1999年にはハンガリーにある韓国大宇MGMの鋼球部門とローラー部門を買収し，続けてポーランドのZET社（2003年），重慶鋼球有限責任公司（2006年），イギリスとタイのSpheric-Trafalgar Ltd.社を買収（2013年）するなど，既に販売チャンネルと一定の設備を持つ海外生産拠点を確保することでグローバル化を進めた。また，中国では椿中島機械（太倉）有限公司（THT）を設立（2002年）し，続いて台湾では台湾椿中島股份有限公司を設立（2010年）するなど，アウトソーシングが活発な地域においては海外現地法人を設立することで投資対効果を高めた。このような多くの現地生産拠点の確保は，各地域のニーズに合わせて製品を生産し，販売する地産地消モデルの確立につながり，為替レートのリスクと貿易摩擦を回避することができたと言える。

　一方，1990年代後半からパソコンの普及によるHDD用のセラミック球の需要の拡大によりセラミック球の需要も徐々に増加し，2000年代の半ばからはデジタルカメラの普及により，レンズ用のガラス球の需要が急増し

た。それに合わせてツバキ・ナカシマでは，新たな素材を使った製品も次々と開発した。まず，上述した中国での窒化ケイ素の増産によりセラミック素材が手に入りやすくなったことで，より真球度が高いセラミック球を加工するべく京セラと技術協力し，超精密セラミック球体の開発に成功した。続いて，2004年には光学ガラス球の生産・販売を開始，ISO14001の認証を獲得するなど，自社のコア技術を磨き上げるための技術革新を持続的に行った。特にガラスは硬く加工しにくい素材のため，精密に加工するためには高い技術力を要した。現在，それを可能とする会社は世界的にツバキ・ナカシマと日本精工の子会社である天辻鋼球製作所しかないのが現状である。

　このようなツバキ・ナカシマの開発能力は競合他社が真似できない強みであり，特に大量で完璧に近い丸い球体を実現させ，大量生産によるコストダウンと共に，生産後の表面・品質検査工程も既存の手作業の代わりに自社で開発した自動化設備を配置し，検査に必要な人員を大幅に減らすことができた。

　そして，セラミック球の需要はHDDから2000年代以降からは電気自動車やハイブリッド車へと移行した。セラミック球は電気自動車やハイブリッド車の性能に寄与する重要な部品であり，その理由は既存の鋼球に比べ，重量は約1/2，硬度は約2倍で熱に強く，簡単に変形しない点が挙げられる。特に，ツバキ・ナカシマのセラミック球は球体に最も近い形を維持しながらずっと回るため，自動車の車輪で使う軸受けのボールをすべてセラミックに替えると摩擦によるエネルギーロスを15％以上減らせることが可能であるとされている。エネルギーロスの減少は電気自動車の普及のカギである走行距離の延長に直結する重要な話題であるが，これまで自動車分野において採択されなかった理由としては値段が高かったからである。しかし，テスラにツバキ・ナカシマのセラミック球が採択されたこと

は上述した2つの問題を解決したことを表していると言えるだろう。

　その中心にあるのは最新の生産技術を開発し，海外支社に技術を伝播する役割を果たしている葛城工場である。葛城工場は1936年に設立された一番古い工場の1つであるが，社内では「新築工場」と呼ばれており，この工場の生産設備はほとんどが自社で開発したものである。生産設備の自社開発が多い理由としては，現場の職人が生産中の問題点について持続的に改善を行い，また，新しい技術を速やかに導入した結果である。

②　企業マネジメントと成果との関係

　3代目社長の近藤高敏に続いて，4代目の社長として近藤高敏の長男である近藤高規が2000年に就任した。近藤高規は前代の社長に比べて，意思決定が早く，海外経験と実力を重視する人であった。その理由は，海外拠点の拡大に伴い，本社との連絡や生産コントロールが可能な人材が必要であったからである。

　一方，組織構造は既存の3代目から変わっていない事業部組織を運用することで組織の安定化を図った。また，海外の生産拠点の担当は営業部であったが，速やかな意思決定と現地での独立的な経営活動を支援するため，2002年から海外拠点の子会社化を行った。このような動きは安定的な成長につながっているように見えるが，激変する市場環境に合わせて速やかに対応できる体制にはなっていないと近藤高規は思った。

　それで，近藤高規は短期的な業績変動にとらわれず，激変する経営環境に機敏に反応し，安定的かつ持続的に企業価値を向上しうる企業体質を構築するために，野村プリンシプルファイナンス（NPF）と組んで経営陣や従業員らによる買収（MEBO）を実施し，2007年に上場を廃止とした。その結果，ツバキ・ナカシマは経営権の確保と外部からの経営干渉がなくなり，より積極的に海外進出ができるようになった。しかし，2008年の

リーマン・ショックによる経済不況と2011年の東日本大震災の影響により，売上の維持が難しくなり，上場廃止前（2006年３月期）の売上が323億円，営業利益が64億円だったが，2011年は売上264億円，営業利益40億円，2012年には売上285億円，営業利益46億円まで下がった。

(6)　第二成長期（2014年～現在）

①　経営環境と企業マネジメントとの関係

　2016年１月，世界経済フォーラムで「第４次産業革命」を提唱したSchwab（2016a，2016ｂ）は，第４次産業革命とは第３次産業革命を基盤としたデジタルとバイオ産業，物理学の３つの分野の融合された技術が経済体制と社会構造を急激に変化させる技術革命であると定義した。また，その特徴としてHyper-Connected，Hyper-Intelligentがあり，IoTとクラウドなどのICTを通じて，人と人，モノとモノ，人とモノが相互連結され，ビックデータと人工知能などでより知能化された社会へ変化されると予測する，と語った。その中で一番動きが見える産業分野としては電気自動車の普及と５Ｇの常用化など，既存の製造業とIT産業の壁が低くなり，IT産業分野の企業の製造業への進出が活発に行われるようになった。

　また，世界的には環境問題が重要な話題となり，2015年11月に開かれた第21回気候変動枠組条約締約国会議ではパリ協定が採択されるなど，環境問題はもはや全地球上の問題となり，協定国はパリ協定を遵守するために様々な政策を行い，その１つがエコカー減税政策と電気自動車および水素自動車の開発・常用化であった。

　電気自動車および水素自動車には既存の内燃機関で多く使われたパワートレインのすべり軸受けが電気モーター用の転がり軸受けへ展開され，それに合わせてベアリング分野ではエネルギーの伝導率を高くする新たな素材とベアリングの開発に努めている。

[図表 3 - 3 - 7] 2014年〜現在までの経営環境（PEST）の変化と経営戦略，経営組織

区 分		内　　容
経営環境	社会的	●電気自動車，水素自動車，ドローンなど４G，５Gの技術とその関連産業分野の登場 ●第４次産業革命の本格的な展開
	技術的	●超高精度ボールの需要拡大（真球度18nm以下） ●ボール素材の多様化 ●パワートレインの電動化（すべり軸受け➡転がり軸受け）
	経済的	●新興国の成長（中国・インド・ASEAN諸国等） ●TPPの署名（2016） ●米中貿易摩擦（2017） ●ベアリング産業の二分化（中国中心の低価格市場，ドイツ・日本中心の高価格市場）
	政治・法的	●環境基本法制定（1997）➡気候変動枠組条約締約国会議（2015） ●エコカー減税（2016）
経営戦略		①戦略的意図に基づくコア資源の獲得 ●米国のカーライルグループとの資本提携，外部専門家のスカウト（2014） ●生産の自動化，検査工程の自動化 ●Tsubaki Nakashima Korea Co., Ltd.（現：TN KOREA CO., LTD.）を設立（2015） ●東京証券取引所市場第一部に株式再上場（2015） ●米国NN社PBC事業部門を買収（2017） ●海外経験人材の積極的な採用 ●極限の真球度の追求➡現在の測定器では測れない ②経営資源の配分・活用 ●葛城工場から海外工場へ技術導入➡日本と同レベルの高い精度の加工を実現 ●大阪市内に新しいオフィス設立（2015），グローバル部門，IR部門配置 ●売上の約１％をR&Dに投資➡工場設備の改善➡研磨技術の高度化
経営組織		●５代目社長（CEO）：高宮　勉 ●事業部組織からマトリックス組織に変化 ●グローバル経営/組織体制の確立，グローバルアカウントマネジャーの役割 ●専門的な研究組織の登場 ●業務の明確化，専任者制度の導入 ●６代目社長（COO）：廣田　浩治，会長（CEO）：高宮　勉

　一方，世界経済の中心は従来のヨーロッパ・米国から中国・インド・ASEAN諸国への移動がより加速化し，その市場に合わせた低価格市場の形成が進んでいる中で，多くの企業は低価格製品を生産するため，中国製の安価な部品を取り入れる傾向がより強くなる反面，MOP[14]層の増加による高価格製品の需要の拡大に合わせて高品質のドイツ製や日本製の部品を取り入れる傾向も強くなるなど，市場の二分化が進んでいた。

　また，TPPの協定により，日本の製品と海外との競争がより激化する一方，米国と中国の貿易摩擦が生じ，世界の経済の不確実性がより高まった時期でもあった。

　技術的にはハイスペック製品の需要の拡大，より精度が高いボール，つまり超高精度ボールの需要が拡大された。以前の真球度20nmよりさらに精密になった真球度18nm以下のボールのニーズが高まり，素材に関しても既存の鉄やセラミック，ガラス以外にも様々な素材のボールのニーズが増加した。

　ツバキ・ナカシマは以前の経済状況から営業実績を回復させ，新たな波に乗って業界の先駆者としてのポジションを確立するためには，既存のやり方では難しいと感じた。もちろん，経済危機を乗り越え，また業界のトップ企業としての位置を維持しているものの，新たな市場の開拓や技術革新のためには大きな変革が必要であった。そのためには資金が重要であるが，上場を廃止していたため外部からの資金集めは極めて難しかった。そこで，4代目社長の近藤高規は大きな決心をした。それは米国の投資ファンドであるカーライルグループとの資本提携を結ぶことであった。カーライルグループもツバキ・ナカシマの成長性と可能性について高く評価し，資本提携と共にカーライルグループが持つ有能な人材プールを最大限活かしてツバキ・ナカシマに新たな発展可能性を導いた。そして，資本提携を結んだ2014年に近藤高規に代わりカーライルグループが推薦した高

宮勉が5代目の社長として就任した。高宮はルノー日産自動車の会長で
あったカルロス・ゴーンの下でヨーロッパ日産自動車の副社長などを歴任
した経歴を持つ専門家であり，就任後ツバキ・ナカシマをより発展させる
ために早速企業革新を行った。

　まず，海外拠点の拡大によるグローバル地産地消モデルを適用した。既
存の海外拠点の戦略をより強化し，進出先で材料を仕入れ，そこで販売す
ることにより取引コストの節約と現地での信頼度を上昇させ，市場シェア
を拡大しようとした。次にコスト競争力を高めるため，生産工程の自動化
をさらに進め，検品作業も既存の方式から自動化させることに成功し，原
価を下げることができた。また，現地のニーズは現地でできる限り解決す
る自律性を高めた。

　次に，4つの戦略を新たに立ち上げ，達成するために全社的に努力して
いる。その4つとは，①海外のお客様への拡販，②セラミック球の拡販，
③アジア市場への拡販，④新領域の拡販である。そのためにQCDS[15]レベ
ルとグローバルネットワークを活用して大手日系ベアリングメーカーおよ
び大手非ベアリング顧客への拡販をより一層進めた。また，多くの産業分
野において手動から自動への転換，省エネ・電動化が進む中で，精密ボー
ルの需要も高めると見込み，それに合わせた生産能力を確保するため，韓
国での現地法人を設立（2015年）し，東京証券取引所市場第一部に株式再
上場し（2015年），米国NN社PBC事業部門を買収（2017年）した。

　一方，世界的に真球度が高いボールのニーズが高まったが，海外の生産
拠点の生産レベルは日本に比べて技術力が高くなかった。もちろん，上述
したように葛城工場を中心に新たな生産工程の普及と技術の共有を行った
が，海外と国内の人材交流や技術交流などは活発ではなかった。そこで，
高宮氏は海外工場の生産レベルを高めるため，まず，葛城工場の自動化生
産設備を標準化し，海外工場の生産設備の自動化を進めた。その結果，海

外工場でも国内レベルの精密度が高い加工が可能になった。次に，高宮を
含めた幹部陣が海外現場と国内現場をすべて巡りながら本部が推進してい
る革新内容について説明し，各現場の状況などを逐一把握し，海外工場間
の交流も実施した。その影響は即時表れ，インド工場の責任者から中国工
場で見た改善作業をインドでも実施したので本社から投資をしてくれるか
という積極的な意見も出るようになった。

　このような企業活動の革新は，ツバキ・ナカシマの社内に善意の競争を
起こし，生産性と効率性の向上と共に，市場のニーズを先に読み取り，そ
れに合わせた技術を事前に確保・常用化することができるようになった。
その結果物として，現在のツバキ・ナカシマは既存の測定器では測れない
真球度を追求するようになり，ツバキ・ナカシマのセラミック球は上述し
たテスラに採択され，世界的にツバキ・ナカシマの技術力を示すことに
なった。

②　企業マネジメントと成果との関係

　2014年10月に就任した高宮はツバキ・ナカシマを発展させるために，日
産自動車を復活させた「ゴーン流改革」からヒントを得て，果敢な組織改
革を行った。

　まず，就任後外部から新しく入った2人の経営陣を含めた5人の幹部と
議論し，現在の経営理念[16]を決定した。そして，海外の拠点と工場を含め
たすべての現場を経営陣が回りながら新しい経営理念を説明し，'どうす
ればより効率的な生産が可能か'，'そのためにはどのような投資が必要な
のか'など，現場の声を直接聞いた。同時に現場には「Bad news first（悪
いニュースを先に）」という企業文化を構築した。当初はBad news first
の導入について内部から批判もあったが，上司が悪いニュースを先に報告
する人を積極的に褒めると，社内のコミュニケーションやオープン性が必

ず良くなると考え，現在までにある程度定着させた。

　次に，業務を明確化し，専任者制度を導入した。過去には従業員数が少ないために，業務に対する領域が決められず，暗黙のルールで事業が行われた。そして仕事の専任者を置くより，共同で仕事を進めるようなシステムであった。このようなシステムは小規模の企業ではよくあることだが，一定規模を超えると事業を明確化し，専任者を置かないと，業務の活用性が落ちてしまう。よって，各部門で業務を明確化し，専任者制度を導入することで自分に任された仕事について責任をもって遂行するようになった。特に，グローバルアカウントマネジャーという海外の専任者を置くことで，より正確な地域攻略が行われている。

　次に，これまではR&Dを専門的に行う部署がなく，現場の職人が自分の技術を磨きながら技術開発を行うか，産学官連携などを通じて新たな技術を研究する仕組みであった。しかし，高宮はグローバル市場のニーズに全社的に対応する必要性を感じ，初めて研究だけを担当するR&D部署を設置し，売上の約1％を研究開発費として投資している。

　続いて，グローバル経営に対する組織体制を拡大し，大阪市内に2015年からグローバル部門とIR部門のオフィスを設置し，海外拠点とリアルタイムでコミュニケーションをとっている。

　このような高宮の組織改革は徐々に効果が現れている。例えば，高宮体制の以前と比べて，若手社員のモチベーションが上がり，入社したばかりの社員がセラミック球の表面を撮影し，その画像を解析して自動で不良品を発見する検査装置を開発した。また，上述したように海外工場間の交流も活発になり，企業全体の生産性と効率性が上がり，全社的に一致団結して改善作業を進める雰囲気を作った。

　このような動きは，組織体制の変化にも影響を及ぼし，既存の事業部組織より経営環境の変化へ速やかに対応できるように組織を地域ごとに整理

し，機能別組織を 1 つにまとめ，**図表 3 - 3 - 8** のようなマトリックス組織
へと変化させ，管理効率を高めた。現在は米国，EU，中国・韓国，アジ
ア，日本，Linear/Browser の地域組織と品質，販売，生産，R＆D，調達，
HR の社内組織で構成されている。

［図表 3 - 3 - 8］2014年からのツバキ・ナカシマの組織図

出典：ツバキ・ナカシマのIRレポートから筆者修正

［図表 3 - 3 - 9］2014年から2019年までの売上・営業利益の推移

単位：百万円

	2014年	2015年	2016年	2017年	2018年	2019年
売上	36,049	39,178	36,886	53,244	74,832	64,563
営業利益	5,218	7,110	6,922	6,985	9,942	8,186

出典：ツバキ・ナカシマのIRレポートから筆者修正

高宮の組織改革と新たな事業戦略は就任して以来，急成長し，2018年には売上が歴代最大の748億円まで達した。

4 事例分析4（自動車）：株式会社堀場製作所

(1) 自動車産業の紹介

　自動車産業は素材，部品，製造のメーカーだけでなく販売・サービス，金融産業まで関連しグローバル展開していることから国の景気に非常に大きな影響を与える産業である。OICA（国際自動車工業会）によると，2018年度の国別自動車生産台数ランキングで上位に入っている国は中国，米国，日本，インド，ドイツである。メキシコ，韓国，ブラジル，スペイン，フランスといった国々が次いで上位国となっている。これらの国の共通点は先進国，もしくは近年急成長を遂げている新興国であるということからもわかるように，自動車産業が発展している国は経済全体も発展しているといえるほど，自動車産業が各国経済に及ぼす影響は甚大なのである。

　4つ目の事例分析の前に，トヨタやホンダ，日産など世界的な自動車メーカーを有する日本における自動車産業の歴史に触れながら産業的特徴について述べる。世界で初めて「自動車」が誕生したのは，日本がまだ江戸時代の1769年のことである。馬車が人や物を運んでいた時代にフランスにて蒸気で走る自動車が発明されたのである。当時は軍隊で用いられていたが技術の向上に伴い次第に馬車に代替されるようになった。現代の自動車に近いガソリン自動車が誕生したのは1886年頃であった。ドイツでエンジンを搭載した四輪車が開発され，1908年のT型フォード発売を契機に自動車は大衆化の道を歩むこととなった。

　日本には1898年に海外から自動車が初めて持ち込まれた。大正時代に入

ると国産化を目指す動きがみられるも当時の技術は未熟であったため海外からの技術輸入に頼っていた。1911年になると日産自動車の源流となる「快進社自働車工場」がようやく純国産車の開発に成功した。昭和初期には，自動車製造（現：日産自動車），豊田自動織機が自動車部（現：トヨタ自動車）を設立し，日本の自動車産業界が実質的に誕生したといえる。その後も積極的な国産乗用車の生産が行われた。しかし，第一次世界大戦後は政府と陸軍主導によるトラックの生産が主であった。敗戦後にはGHQによって乗用車の生産が禁止され国内の自動車産業は厳しい状況となった。しかし1951年に朝鮮戦争が勃発し米軍車両の修理，購入先としてトヨタがGHQから優遇され，日本自動車産業はなんとか戦後の厳しい時期を乗り越えた。

　日本経済は1955年から高度経済成長期へと突入し，高速道路が整備され，生産もトラックから乗用車中心へ移行し始めた。マイカーブームや東京オリンピックが自動車生産を助長し同産業は堅調な成長をみせた。だが，1980年代に入ると燃費の良い日本車が世界でも人気を博し，輸出が増加すると日米間で貿易摩擦が生じ日系メーカーは海外現地生産を余儀なくされた。これに伴い，各自動車部品メーカーも海外に生産拠点を置く企業が増え始めた。2000年代に入ると金融危機が起こる以前まで北米，アジア市場の成長から同産業は好調が続いたが，金融危機後はGMが経営破綻となった一方で日系メーカーは米国市場で好調を続けた。

　上記のような歴史からわかるように，自動車産業がこれほどまでに成長を遂げたことには国の保護政策による政治的・軍事的な背景があった。そして，多くの業界と関連しグローバルな産業であることが自動車産業の特徴であるといえよう。近年では電気自動車やハイブリッド車などの次世代自動車に加え，IT産業の参入による自動運転などの新技術が次々と開発されており，経営環境が著しく変化している産業である。

(2) 堀場製作所の事例紹介

　株式会社堀場製作所（以下，堀場製作所）は日本初の学生ベンチャーであり，自動車排ガス測定装置の世界トップのシェアを占めている企業である。現在は自動車計測システム機器だけではなく，環境・プロセスシステム機器，医用システム機器，半導体システム機器，科学システム機器の5

[図表3-4-1] 株式会社堀場製作所の会社概要

社名	株式会社堀場製作所（HORIBA, Ltd.）
代表取締役社長	足立正之
創業/設立	1945年10月17日 ／ 1953年1月26日
本社所在地	京都市南区吉祥院宮の東町2
資本金	120億1千1百万円 ※2019年12月31日現在
連結売上高	2,002億4千1百万円 ※2019年度
営業品目	自動車計測機器，環境用計測機器，科学計測機器，医用計測機器，半導体用計測機器の製造販売。分析・計測に関する周辺機器の製造販売。分析・計測に関する工事，その他の建設工事ならびにこれらに関する装置・機器の製造販売
グループ従業員数	8,288名 ＊2019年12月31日現在
会社構成	㈱堀場アドバンスドテクノ・㈱堀場エステック ㈱堀場テクノサービス・㈱ホリバコミュニティ 27カ国にグループ会社
主な国内拠点	京都（本社）・滋賀・東京・北海道・宮城・栃木・神奈川・静岡・愛知・大阪・香川・広島・福岡・熊本
主な海外拠点	オーストリア・ブラジル・カナダ・中国・フランス・ドイツ・インド・インドネシア・イタリア・韓国・ポーランド・ロシア・シンガポール・台湾・タイ・イギリス・アメリカ・ベトナム

出典：堀場製作所ホームページから筆者修正

[図表3-4-2] 堀場製作所の沿革

1945年	堀場雅夫が堀場無線研究所創業
1950年	国産初のガラス電極式pHメーター完成
1964年	自動車排ガス測定装置の世界ブランド「MEXA」誕生
1970年	合弁会社オルソン・ホリバ社（米）設立　海外展開の本格スタート
1974年	東京証券取引所第二部上場 株式会社スタンダードテクノロジ設立［現株式会社堀場エステック］
1975年	株式会社コス設立［現株式会社堀場アドバンスドテクノ］ 米国EPA（環境保護局）へ自動車排ガス測定装置を納入
1980年	株式会社スタンダードテクノロジがマスフローコントローラを発売
1982年	東京，大阪両証券取引所第一部上場
1987年	血球計数装置メーカー ABX社（仏）と提携
1988年	韓国に現地生産拠点ホリバ・コリア設立，阿蘇工場竣工
1993年	気象庁南鳥島気象観測所にCO２測定システム納入
1996年	ABX社（仏）買収［現ホリバABX社］
1997年	ジョバンイボン社（仏）買収　［現ホリバ・フランス社］
2000年	株式会社堀場テクノサービス設立
2005年	カール・シェンク社（独）の自動車計測機器（MCT）のビジネス買収
2009年	研修センター（Fun House）増築　製品力・組織力を高める人材育成の拠点
2011年	国内販売強化に伴う東京オフィス移転，中国上海の新工場稼働
2013年	HORIBA最先端技術センターを堀場エステック本社拠点に開設 中国・清華大学と環境技術の共同研究合意 フランスの産学連携プロジェクト参画　次世代太陽電池開発支援 研究専用施設「堀場エステック京都福知山テクノロジーセンター」竣工
2014年	インドで初めての血液検査用試薬工場稼働
2015年	MIRA社（英）買収［現ホリバMIRA社］
2016年	開発・生産拠点「HORIBA BIWAKO E-HARBOR」稼働
2017年	堀場アドバンスドテクノが堀場製作所の水・液体業を承継 ミャンマー国における河川水質汚濁の改善事業を日立造船と共同で実施 テキサス州ヒューストンに環境計測機器，プロセス計測器設備の工場が完成 堀場エステック・コリア社の新拠点が完成 ホリバABX社がシーメンスヘルスケア・ダイアグノスティクス社と長期的なパートナー契約を締結 阿蘇工場　第４期拡張工事完了　流体制御機器の生産能力をさらに強化

出典：HORIBA　CORPORATE　PROFILE　2018より筆者作成

つの事業セグメントを保有し，活発な企業活動を行っている。

　堀場製作所の歴史には3つのポイントがある。まず，上述したように日本で初めての学生ベンチャーであり，国産初のガラス電極式pHメーターを完成させた。次に社訓でもある「おもしろおかしく」の精神である。本来，堀場製作所はpHメーターと医学用呼気ガス分析計を基に安定的な事業活動を行い，当時の社長は現在堀場製作所を支える1つの軸である自動車関連ガス測定装置の開発に反対したが，研究陣はおもしろそうだと判断し，こっそり研究開発を進めたことは有名な逸話である。最後に積極的にM&Aを行い，グローバル事業展開を図った。

　このように，ダイナミックな発展を図ってきた堀場製作所について，4つのフェーズに分けて事例分析を行う。

(3)　生成期（1945年～1968年）

①　経営環境と企業マネジメントとの関係

　創業者である堀場雅夫は1924年京都に生まれ，1943年に京都帝国大学理学部に入学し物理学を専攻した。研究者を目指していたが日本が先の大戦に敗戦し，サイクロトロンや原子核物理関係の測定装置はすべて米軍によって破壊されてしまった。雅夫は生活費と原子物理学の研究費を稼ぐために1945年10月，在学中でありながら京都市烏丸五条に「堀場無線研究所」の看板を挙げ，学生ベンチャーとして創業したのである。終戦わずか2カ月後の創業，日本の学生ベンチャー第1号の会社としてよく知られている。当初は研究費を稼ぐためにラジオやアイロンなどの家電製品の修理を請け負っていた。さらには当時の電力供給の不安定さから停電時に役立つ蓄電池を開発し，停電灯を販売しているとこれを求める人の行列ができたほどであった。

　そして「堀場無線研究所」として本格的に事業を行うきっかけとなった

[図表 3 - 4 - 3] 1945年〜1968年の堀場製作所の経営環境（PEST）
の変化と経営戦略，経営組織

区　分		内　　容
経営環境	社会的	●敗戦後の米国による統制➡原子核物理の研究禁止 ●戦後復興期の食糧・肥料市場の活況によるpH計の需要 ●産業構造の変化（農耕社会➡産業社会） ●米国から始まるCO_2排出規制 ●急速な工業化➡水質汚濁，大気汚染への規制強化
	技術的	●分光光度計のコアとなるプリズム用赤外線単結晶の輸入依存 ●モータリゼーションの進展
	経済的	●朝鮮戦争の勃発によるインフレ ●経済の高度成長
	政治・法的	●原子力研究開発予算が国会に提出➡研究費用が各企業に分配 ●食料増産政策 ●公害防止のための研究開発費の増大 ●公害国会 ●大気浄化法の改正法（マスキー法）制定
経営戦略		①戦略的意図に基づくコア資源の獲得 　●日立製作所との提携による人材・資金・技術の獲得 　●米国企業との合弁会社および子会社設立による現地販売網獲得 　●東証二部へ上場 ②経営資源の配分・活用 　●医学用測定器の技術を自動車排ガス測定装置に活用 　●公害測定機器事業への参画 　●海外進出（米国）
経営組織		①研究開発中心 　●研究開発と製造に注力（販売は日立グループが担当） 　●プライベートな研究所的組織➡本格的な会社形態 （本社機能，技術本部機能，工場機能，東京出張所を昇格させた東京支店からなる4部門制へ）

のはとある医大病院からの依頼であった。依頼の内容はてんかんの際に問題の部位を発見し治療できる発振器の回路設計であった。しかし，雅夫に手術中に故障したとの一報があり，病院へ駆け付けるという事件が起きた。原因はコンデンサーの不良によるものだと判明し，雅夫は部品の重要性を痛感するとともに故障の原因となったコンデンサーの開発に取り組むこととなったのである。

その性能と品質の良さが評判となり300万円を工場運転資金として準備し量産化段階へ移ろうとしていた矢先，1950年に朝鮮戦争が勃発し，工場建設に必要な資材が高騰した。結果的に，量産化の実現は叶わなかったが，コンデンサーの製造と開発（コンデンサーの電解液のpH値をコントロールする）の過程で必要だったpHメーター（酸性やアルカリ性を電気的に計測する装置のこと）の性能を追求するなかで，pHメーターそのものを自ら開発していたのである。pHメーターの製作自体にそれほどの設備資金は必要ではないことからやむを得ずこのガラス式電極pHメーターを販売したところ，こちらもその性能の良さから好評を得ていつしかpHメーターの堀場として知られるようになった。

当時は雅夫を中心に若い技術者たちがpHメーターの試作に没頭していた。心強い協力者に，京大の西教授や三菱化成工業研究所主任研究員の岸本長彦（後に堀場製作所取締役会長）がいた。また雅夫の片腕として，仕入れ，営業，さらには雑務までも一手に引き受けていたのが上田惇である。研究開発と製品作りに全力を傾ける雅夫を，献身的に補佐した。結果としてpHメーターの製造・販売が堀場の最初の事業となり，創業から8年，1953年1月に資本金100万円で京都市中京区の地に8名の従業員とともに株式会社堀場製作所を設立した。代表取締役社長に堀場雅夫，常務取締役に上田惇。この他の取締役には，当時の京都財界のリーダーであった大沢商会の大沢善夫会長，京福電鉄の石川芳次郎社長，さらに監査役として中

小企業のリーダー格であった高木耿を迎えた。設立に際しては父を含む7人の京都の財界人の応援を得ることができた。この7人からの支援はプライベートマネーを使っての支援であったことは堀場雅夫が後にベンチャー支援活動を行うことと深く関係しているのであろうと考えられる。ベンチャー企業が獲得しなくてはいけない経営資源の中で資金が最も獲得困難であることは周知の通りであるが，雅夫の熱意と，京都という土地にも恵まれ資金の獲得に成功した。

　戦後復興期の日本では食料増産政策を受け，国内の各化学メーカーが肥料の増産に取り組んでいた。良質な肥料の生産に必要なpHメーターは飛ぶように売れ，堀場製作所の経営基盤が確立されたのである。しかし，堀場製作所が分析機器の専業メーカーとして成長していくにはpHメーターだけでなくラインナップを揃える必要があった。そこで次に開発されたのが赤外線ガス分析のための分光光度計である。当時は，測定に時間はかかるが，数種類の気体を一度に分析できるガスクロマトグラフ方式が主流であった。しかし，雅夫は「産業界でこれから必要とされるのはスピードだ」（2007年5月24日　産経新聞「いま，語る　関西人国記」）と考え，複数の気体を一度に分析できないが短時間で計測できる赤外線分光分析方式に取り組んだ。赤外線ガス分析のための分光光度計は当初から国産品が市場に出回っていたが，コアとなるプリズム用赤外線単結晶は輸入に頼る状態であった。そこで，1954年に京都大学理学部帰山研究室と共同でプリズム用赤外線単結晶の開発に着手し，約1年後に合成単結晶の販売を開始した。輸入に頼っていた日立など大手家電メーカーにも堀場製作所の単結晶を大量に供給できたこともあり，単結晶開発と事業化は堀場製作所の競争力を一層高めた。

　1954年に原子力研究開発予算が国会に提出され，原子力平和利用研究費補助金が各企業に分配されるようになった。堀場製作所には1956年に「制

御用電離箱型積算線量計の研究」という項目で2,040千円が補助された。また，1960年には「低エネルギー──放射線測定器の試作に関する研究」に対して1,996千円が交付された。研究補助金という形式ではあるものの，創業期に当たるこの時期に経営資源である資金を獲得できたという意味の大きさは言うまでもないだろう。

　1950年以降，神武景気を皮切りに日本経済は高度成長期を迎え，農耕社会から産業社会へと産業構造が変化した。「投資が投資を呼ぶ」と1960年の経済白書に記されたように，民間の設備投資に支えられて重化学工業が急速に発展を遂げ，工場建設が相次いだ。さらには３Ｃの１つとされる自動車は1960年代後半初頭に需要が急成長し，モータリゼーションが進展した。しかし，日本の景気が上昇する反面，1960年代には工場等からの汚染物質や有害物質の排出によって環境が悪化され，水俣病やイタイイタイ病，呼吸器系疾患等の公害病が発生し，大きな社会問題となった。公害問題への対策が急務とされ公害対策技術の開発が活発に行われるようになった。

　当時，堀場は人間の肺の機能を測定する医学用分析器を作っていた。これを知った通産省の人が1963年に，自動車の排ガスに利用できるのではないかと提案した。２，３人の技術者は医学用の呼吸の分析機を自動車の排ガス測定に応用できるのではないかと考えた。これに対して堀場雅夫は「もともとは人間の息を測定する機械なのに，汚い自動車の排ガスを測定するなんてとんでもない」と猛烈に反対したのである。それでもこれからの需要に確信を持っていた研究者らは，堀場雅夫には内緒でエンジン排ガス測定装置の開発を進めていたのである。これに対し堀場雅夫は開発の中止を言いつけるも，彼らはおもしろいから開発を続けさせて欲しいと食い下がった。1965年には製品化に成功し米国の自動車メーカーに売り込んだ。この自動車排ガス測定装置こそが後に堀場製作所の成長の鍵となる「MEXA」である。そしてこの技術者の中にいたのが後に２代目社長とな

る大浦政弘であった。そして1975年に米国EPA（環境保護局）へ自動車
排ガス測定装置を納入し「MEXA」は世界的ブランドとしてその名を知
られることとなった。

　今までの話をまとめると創業期における堀場製作所の経営戦略は経営環
境に非常に大きく左右されていたといえよう。雅夫は元々コンデンサーの
開発に取り組んでいたのであるが，朝鮮戦争勃発によるインフレによって
1952年には工業用pHメーターの製造・販売へと事業内容をシフトさせて
いた。さらには1950年代以降の高度経済成長によって発生した大気汚染，
水質汚濁などの環境問題の発生が人間の肺機能を測定する医療用分析器の
自動車排ガス測定装置への応用につながっていた。

　また，父や京都の財界人からの支援金，pHメーターの売上，政府から
の研究費用交付，東証二部への上場で得た資金を自動車排ガス測定装置と
いう新事業への投資に活用したことは堀場製作所が競争力を高める要因と
なり適切な資源の配分戦略であったといえる。

　同社が行っている事業はニッチな分野であることから競合企業は他業界
と比べ少数であったことに加え，堀場製作所は販売をせず研究開発に資源
を集中させていたことで高い技術力と製品力を有していたことから競争優
位性を有していたと考えられる。

②　企業マネジメントと成果との関係

　1951年に大阪の北浜製作所とpHメーターの販売代理店契約を結び，流
通ルートを確保した。以降，北浜製作所の協力を得て，積極的なセールス
を展開していた。1955（昭和30）年以降，復興期から高度成長期へと移行
し，HORIBAもこの流れに呼応し，受注量が生産量を上回る状況となった。
しかし販売ネットワークという面では未発達で，全国規模で見ると販売力

強化の必要があったことから，開発に比べて手薄だった営業面の充実が図られた。当時の営業体制は，東地区，中部，近畿，中国，四国，九州のブロックに分かれ，西日本では特約店網が整備されていたものの，富士川以東北海道までの東地区（東日本）では，セールス強化が大きな課題となっていた。メーカーの地方工場に設置する機器類も，発注業務は東京の本社で行うというケースが多かったため，東日本地域への対応は急務だった。そこで1956（昭和31）年7月，東日本の営業拠点として，東京都中央区西八丁堀に東京出張所を開設。所員は所長を含め，わずか3名。土地勘もない東京で，「HORIBAの名を全国区に」という熱意を胸に，営業活動が進められた。

　経済団体による米国視察に加わった堀場雅夫は同視察団員であった日立製作所の関係者との出会いを契機に，1959年11月に日立製作所と業務および技術提携を成立させ，機器販売を日立製作所が，研究開発・製造を堀場製作所が受け持つ役割分担が行われるようになった。日立製作所のグループ会社である日製産業の販売ルートで販売することによって日立と競合する製品すべてを提携製品として日立・堀場ブランドに統一し販路の重複を避けることができた。こうして堀場製作所は研究開発に専念できる国内体制を確立するとともに日立グループの人材，資金，技術など経営資源を獲得することができた。

(4)　形成期（1969年〜1978年）

①　経営環境と企業マネジメントとの関係

　1960年代から浮かび上がった公害問題が堀場製作所に与えた影響は1974年の「株式会社スタンダードテクノロジ」の設立にも深く関係している。高度経済成長による環境破壊を食い止めるために開かれた1970年のいわゆる公害国会を契機に大気汚染や水質汚濁に関する規制が強化され，国は規

[図表3‐4‐4]　1969年〜1978年の堀場製作所の経営環境（PEST）の変化と
経営戦略，経営組織

区　分		内　容
経営環境	社会的	● 米国から始まるCO2排出規制 ● モータリゼーション➡大気汚染 ● 環境への関心度向上
	技術的	● 非分散赤外吸収方式➡水素塩イオン化法，化学発光法（CLD）に変化
	経済的	● 経済の高度成長 ● 米国のニクソンショック（1971） ● 日米貿易摩擦（1950年代：繊維製品，1960年代：鉄鋼製品，1970〜1980年代：電化製品・自動車）
	政治・法的	● 環境庁設立（1971） ● 米国の大気浄化法（1963），マスキー法（1970） ➡大気汚染防止法（1968），エネルギーの使用の合理化等に関する法律（1979）
経営戦略		①戦略的意図に基づくコア資源の獲得 　● 大阪証券取引所第二部，京都証券取引所に株式上場（1971） ②経営資源の配分・活用 　● 関係分野の企業と共同会社を設立（株式会社スタンダードテクノロジ，1974） 　● 海外の合弁会社設立（米国オルソン・ホリバ社，1970） 　● 米国EPA（環境保護局）へ自動車排ガス測定装置を納入（1975）
経営組織		● プライベートな研究所的組織➡本格的な会社形態（1974） （本社機能，技術本部機能，工場機能，東京出張所を昇格させた東京支店からなる4部門制へ）

制の基となる環境用計測機器の整備を急務としていた。そこで装置の製作委託を受けたのが独自の標準ガス検定技術を有していた堀場であった。雅夫はこの申し入れを快諾したと同時に，計測機器業界が協力して行うべきとの考えから計測機器メーカー，標準ガスメーカーと共同で「株式会社ス

タンダードテクノロジ」を設立することとなったのである。同社は堀場が
後に半導体分野に進出する際に重要な役割を果すこととなるが，詳細は後
述する。さらに，翌年の75年には水計測事業を中心とする「株式会社コ
ス」を設立するなど，いかに環境問題という経営環境が堀場製作所の経営
に影響を与えたかは明らかである。

　一方，1970年代からは堀場製作所の海外展開が始まった。堀場製作所の
海外展開とは堀場雅夫の息子である堀場厚が密接に関係している。堀場は
当時自動車排ガス分野で最先端をいく米国のオルソン・ラボラトリーズ社
と合弁会社であるオルソン・ホリバ社を設立した。翌年の71年に甲南大学
理工学部を卒業した厚は父に渡米を自ら申し出た。厚（2014年）が「手を
挙げればさせてもらえる家だった」と自身の家庭を表現するだけのことは
あり，この申し出を雅夫は快諾した。ニクソンショックの影響でビザがす
ぐに下りなかったため，厚は同年11月にオルソン・ホリバ社に入社した。
同社で厚はサービスマンとして製品の修理を担当していたが，京都本社か
ら送られてくる大量の分析機器の多くが故障しているという問題に直面し
た。本社に問い合わせても日本ではトラブルは起きていないと返され，厚
は自ら原因を探った結果，測定機器に詰めていたガスが輸送中に機器の素
材の関係から抜けてしまっていることを突き止めた。

　厚はこの一件を通して，本社や経営陣は現場の本当の実情を知らない，
知らされていないと確信したと自身の著書の中で述べている。製造・営業
の最前線であるフロントラインを見ずに物事を決定したり判断したりする
恐ろしさを知ったこの経験から，アンチ本社のポリシーを持つようになっ
たのである。1972年にはホリバ・インターナショナル社に出向し設計部隊
のエンジニアを経験，73年には米国で本格的な販売を自前でするために設
立した子会社のホリバ・インスツルメンツ社へ出向するなど，渡米中に社
内外で多くのことを学習，経験したに違いない。1977年に帰国した厚は本

社の海外技術部長に任命され，1981年には海外全体を取りまとめる海外本部長に就任した。堀場製作所の海外に関する事業の成長には，厚がアメリカで武者修行を行った経験が大きな影響を与えたことは言うまでもない。また，1972年には米国とドイツに子会社を設立するなど70年代初頭の堀場製作所は本格的に海外進出を始めた時期であったのである。

②　企業マネジメントと成果との関係

　1970年代には，社内組織の大幅な改編が実施された。本社機能，技術本部機能，工場機能，東京支店からなる4部門制に変わり，生成期は設立当時のプライベートな研究所的組織から本格的な会社形態に変化した時期で

[図表 3 - 4 - 5]　1978年の堀場製作所組織構成図

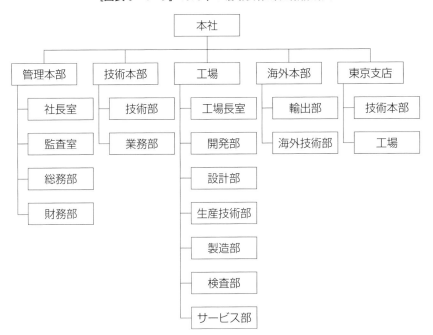

出所：株式会社堀場製作所の資料より筆者作成

あるといえる。1978年には，さらに組織体制を具体化し，管理本部，技術本部，工場，東京支店と新たに海外本部を設立した（**図表3－4－5**）。

　また，上述したように目まぐるしく変化する経営環境に雅夫は，柔軟かつ迅速に適切な意思決定を下していた。朝鮮戦争の勃発によってインフレが引き起こされ，雅夫はコンデンサーからpHメーターへと事業をシフトさせ，これが戦後日本の食糧増産政策による肥料需要の高まりを受け飛ぶように売れている。さらに，続く高度経済成長によって引き起こされた環境問題の発生に伴って自動車排ガス測定装置の開発と販売が開始され，今では世界シェア8割を有する製品を生み出す事業へと成長させている。

　また，北浜製作所，日立製作所と提携を結び販売をこれらの会社と協力することで，堀場製作所は研究開発に集中的に経営資源を投入するという資源戦略は自動車排ガス測定装置など新事業を生み出し，さらには技術力，製品力を高め競争力を生み出していた。これらの点から堀場雅夫氏による経営は大きな成果をもたらしたことは明白である。また，息子の厚が渡米し現場で得た経験や人脈，そして問題点等の実情を知れたことは78年以降の堀場製作所の大きな躍進につながることから，雅夫は後継者育成の視点においても優れたマネジメントを行ったといえよう。

⑸　第一成長期（1978年～1992年）

①　経営環境と企業マネジメントとの関係

　1978年に大浦政弘が代表取締役に就任して以降から，1992年に堀場厚が代表取締役に就任するまでの期間を一次成長期として経営環境と企業のマネジメントについて考える。大浦について堀場厚（2014年）は「技術系の極めて優秀な生え抜きで，堀場製作所の成長の核となった『エンジン排ガス測定装置（MEXA）』の開発者」と語る。本節ではそんな大浦による経営はいかなるものであったのかを見ていく。

[図表 3 - 4 - 6]　1978年から1992年の堀場製作所の経営環境（PEST）
の変化と経営戦略，経営組織

区　分		内　　容
経営環境	社会的	●日本環境技術協会を設立し大浦政弘が会長就任（1979） ●新たな家電製品（テレビゲーム/パソコン）の登場 ●米国で環境測定器の需要増
	技術的	●IC時代の幕開け➡集積回路の規模拡大と多機能化
	経済的	●日米貿易摩擦 ●バブル景気とバブルの崩壊 ●アジアの経済成長 （特に韓国で自動車を中心に多くの産業で分析計の需要拡大）
	政治・ 法的	●プラザ合意（1985） ●米国で大気浄化法（1990）
経営戦略		①戦略的意図に基づくコア資源の獲得 　●海外企業との提携による経営資源の獲得 ②経営資源の配分・活用 　●事業，製品ラインナップの拡大（1979） 　●製造権，販売権に関する譲渡契約を国際電子工業と締結 　　➡金属分析市場へ進出 　●高収益事業への集中投資 　●海外投資（シンガポール，オーストリア，韓国，米国）
経営組織		機能別管理 ●海外出向者公募制度を導入（1977） ●株式会社ホリバコミュニティ（HOCOM）を設立（1978） ●職能資格制度の導入（1984） ●海外出向者公募制度を海外研修制度へ改める（1984） ●雇用制度の大胆な改革（1985） ●東京セールスオフィス開設（1987） ●朽木研修センター「FUN　HOUSE」オープン（1991） ●開発本部と製造部門を統合し生産本部を設立（1991）

　1970年代後半から80年代前半にかけて日本企業の国際競争力が高まり，輸出が拡大された。自動車業界においても安い日本製品が入ってきた米国では自国の自動車が売れなくなり，失業や倒産が相次ぎ社会問題となった。いわゆる日米貿易摩擦である。1981年に日本が自動車の対米輸出を自主規制し始めると，各自動車メーカーは次々に海外工場を拡大し国内需要が減った。国内営業活動は日立のグループ会社である日製産業に任せているため対応が遅れる一方，海外では自社で営業を行っていたため自動車メーカーの要望にも迅速に対応することができていた。国内と海外の営業体制の違いによる影響に鑑み，堀場厚が営業の根本的な改革の必要性を感じたのである。当時営業本部長を務めていた厚は90年前後から営業部隊の育成に着手し，社内の反対を押し切って国内も直接営業にする改革に取り組んだ。名古屋，大阪，東京に拠点を設け自前での国内営業に向けて歩み始めていたことは，2001年の日立製作所との提携解消後，バブル崩壊による景気の停滞が続く中で利益を増やしていたという事実に鑑みても正しい経営判断であったと言えよう。

　1970年代にトランジスタを小型化，軽量化したIC（集積回路）が発明され，電卓などに使用されていた。80年代に入ると集積度が一段と進み，高機能化・高性能化されテレビゲームに応用されるなど日々の生活に溶け込んできた。こうした技術的な背景を受け，1980年に「株式会社スタンダードテクノロジ」がマスフローコントローラ（流体の質量流量を計測・制御する機器）を発売した。この製品は，当初標準ガス発生システムへの組み込みを目指していたが，半導体産業におけるニーズが高いことが判明し，製品化された。半導体プロセスなど高精度な流量計測と制御を要求するプロセスに使用されるものであり，この製品を発売したことが半導体事業に進出し始めたことを意味することに留意したい。また，84年にはレティクル異物検査装置を生産開始し，半導体分野に本格的に進出している。

新事業への参画に関しては，半導体分野だけではない。1987年には，フランスの血球計数装置メーカーである「ABX社」と提携を結び，医用ビジネスにまで進出し始めたのである。

　堀場が提携を結んだのは，何も新事業分野への進出に関する企業だけではない。87年には西ドイツの「フォイザー社」と自動車の排ガスについて，翌年には米国「マイダック社」とフーリエ変換赤外分光光度計についてそれぞれ提携を結んでいる。堀場はこうした提携によって新分野に参入するだけでなく，既存事業の強化にも力を入れていたことが窺える。

　次に，当時の海外展開についてである。前社長である堀場雅夫が，1970年に米国でオルソン・ホリバ社を設立し，海外展開を本格化して以来の大きな動きとして，1988年に「ホリバ・オーストリア」，同年に現地生産拠点として「ホリバ・コリア社」を設立し，91年には米国アリゾナに光学結晶工場を設立していることに注目したい。こうした現地に生産拠点を設立した背景には各国の経済成長が挙げられるが，中でもアジアの国々の成長は著しいものであった。上述した韓国では，自動車産業を中心に分析計の需要が伸びており，安定した供給体制，仕様確認，納品時の調整，アフターサービスなどに取り組むことで現地でのHORIBAをダイナミックに駆動させていた。また，プラザ合意による円高の影響も大きく関係しているだろう。さらには，90年に米国で環境測定機器の需要が高まったため，ホリバ・インスツル社を移転し拡張した。92年には米国EPA（環境保護局）から受注したシャシダイナモメータの設置をするなど自動車排ガス測定装置「MEXA」だけでなく分析・測定の総合メーカーとして「HORIBA」ブランドが認められ始め，堀場製作所の海外展開の基盤が確立された時期であると言える。

　今までの話を整理すると，70年代に登場したICの高性能化，高機能化が実現されるという技術的背景を受け，半導体の需要が社会的に高まって

いた。半導体需要の高まりに伴い，高精度な流量計測と制御技術が要求される流量制御機器の需要が必然的に高まっていた。堀場はこうした技術的，社会的な経営環境を察知しスタンダードテクノロジ（現株式会社エステック）がマスフローコントローラを発売していた。また，フランスの血球計数装置メーカーの「ABX社」と業務提携を結び医用ビジネスへの本格的参入を目指した時期である。この第一次成長期の堀場は計測というコア技術を活かして半導体市場への参入を図り，提携による医用ビジネスへの本格的参入など高収益が見込める事業への集中投資を行い，新事業展開に向けた資源配分と経営資源の獲得を戦略的に行った時期であった。ここで特筆すべきことは，新規事業のみに注力したのではなく，「フォイザー社」，「マイダック社」との業務提携にみられるような既存事業の強化にも取り組んでいたことである。

1979年3月，42期の開始にあたり大浦は「量と質の飛躍」を基本方針として，新たな経営戦略を打ち出した。対象分野の拡大と理化学機器のラインナップ強化を要とし，製造権，販売権に関する譲渡契約を国際電子工業と締結することによって金属分析市場へ本格的に進出した。

次に海外展開に関する戦略についてであるが，この時期の堀場の海外戦略は非常に明瞭である。シンガポール，オーストリア，韓国にセールスオフィスや現地生産拠点を設立し海外での生産ならびに販売の強化を図る戦略をとっていた。

②　企業マネジメントと成果との関係

HORIBAの海外オペレーションが成長拡大するにつれて，真に国際感覚を備えた社員を育成することが急務となった堀場では，本社と海外子会社との密接なコミュニケーションを促すため，1977年から「海外出向者公募制度」が始まっていたが，既存の制度は海外と関係のある部署の社員が

候補になりやすいことから，より幅広い人材に海外経験を積むチャンスを
与えるために，1984年に「海外出向者公募制度」を「海外研修制度」へと
改め人材育成にも力を注いでいた。

　1984年には職能資格制度が導入され，格付や昇格の評価基準となる「能
力」の定義をオープンにし，実績に対してはフェアに評価されるように
なった。社員にとっては，どんな能力を身につければ評価の対象になるの
かが明確になり，モチベーションの引き上げが図られた。また，1978年に
は新社長の発表とともに社員の福利厚生を専門に扱う子会社である株式会
社ホリバコミュニティが設立され，1985年にはタイムレコーダの廃止や有
休休暇日数の増加，リフレッシュ休暇制度の新設など社員の福利厚生や雇
用制度に大胆な改革を行い，社員が働きやすい環境を整えた時期であった。

　この時期は機能別組織を採用しており営業，開発，生産などの部門が
あった。既述の通り，この時期における経営組織に関する大きな動きは前
社長堀場雅夫の息子である厚による営業の組織改革であった。1987年には
厚の本格的な営業投資として，首都圏での営業拠点の役割を担う東京セー
ルスオフィスが新たに開設され，本社に集中していた営業機能をセールス
オフィスに移管し，顧客により近い場所で新たな営業展開を図った。顧
客・特約店との接触を緊密に行うことにより，HORIBAの存在感を強調
すると同時に市場ニーズを敏感に察知し，営業の判断基準となる生きた情
報収集を狙うリサーチ機能も持つことになった。従来の日製産業との製販
分業体制に改革の必要性を感じた厚が90年前後から営業部隊の育成を行い，
自社で営業できる組織作りを目指していた。このことは後の日立製作所と
の提携解消後に非常に大きな成果として現れるため，ここで改めて述べて
おく。

　1991年には従来の開発本部と製造部門を統合し，新たに「生産本部」が
誕生し開発から生産までを1つのラインとしてとらえ，強力に「ものづく

[図表 3 - 4 - 7] 1991年の堀場製作所組織構成図

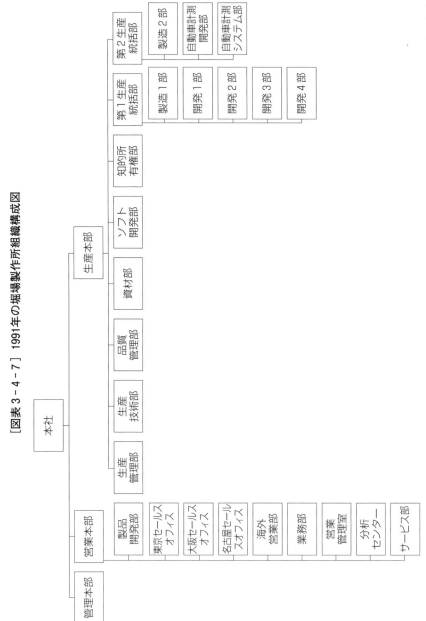

出所：株式会社堀場製作所の資料より筆者作成

り」を推進する組織システムを構築していた。当時の組織構成図は**図表3 - 4 - 7**の通りである。

　これまでの話を整理すると，第一成長期は成長の準備期と言い換えることができるだろう。大浦の就任時には100億円だった売上高が社長の座を退いた92年には約439億円とその差はおおよそ340億円であった。もちろん，340億円という額は決して少なくはないのだが，2,000億円を超える今の堀場においては「わずか」と考えてしまうかもしれない。しかし，大浦によるマネジメントの成果は決して小さくはない。「ABX社」，「フォイザー社」，「マイダック社」と提携を結んでいたことが後に堀場が各社を買収し新事業参入に成功したことや既存事業を強化できたことにつながったことに鑑みると，成長（第二次成長）の土台を作ったといえるのではないか。

　そして，海外進出を徐々に推進し，海外進出の基盤を確立していたことは厚が国内営業も自前で行おうと決心するに至ったきっかけの1つとなったに違いない。大浦は現在のホリバグループ全体に浸透している「おもしろおかしく」を社是に制定したことや先代から続く研究開発型の企業を貫いたこと，次期社長となる厚に海外本部長と営業本部長を経験させていたことこそが成果ではないかと考える。

　つまり，組織改革を行ったことや海外進出を推進したこと，会社設立時から引き継がれている企業文化をさらに良いものへと洗練したことが後に堀場製作所が大きな成長を遂げることにつながっていることから，成長のための重要な基盤，土台となった時期であるといえよう。

⑹　第二成長期（1992年〜現在）

①　経営環境と企業マネジメントとの関係

　1992年1月，創業者堀場雅夫の息子である厚が代表取締役に就任してから足立正之が代表取締役社長に就任する2018年までを第二次成長期として

[図表3-4-8] 1992年から現在までの堀場製作所の経営環境（PEST）
の変化と経営戦略，経営組織

区　分		内　　容
経営環境	社会的	● 米国との貿易摩擦 ● 日産リバイバルプラン（ゴーンショック）(1999) ● 東日本大震災による堀場製品需要の増加 ● イギリスEU離脱問題➡ポンドの下落
	技術的	● ディーゼル車➡電気自動車，ハイブリッド車，燃料電池 ● IoT，AIの登場➡自動運転技術，安全性能意識の高まり
	経済的	● バブル崩壊（1991〜1993） ● リーマン・ショックによる不景気（2008〜）
	政治・法的	● 特定特殊自動車排出ガス規制等に関する法律（2006） ● ヨーロッパで乗用車のRED規制（2017）
経営戦略		①日立との提携解消➡製販一体 　● 直接販売による利益増 　● 事業戦略のマーケット志向化 ②多角化戦略 　● 開発投資（M&A） 　● グローバル化（ビジネス・人材） ③事業セグメント毎の注力製品を明確化 　● アライアンス➡事業や会社の買収
経営組織		四つのセグメントに区分した事業別管理 機能別管理➡事業別管理（統括部制）

同様に分析する。

　この時期の経営は，技術系の前社長大浦のものとは大きく異なり，厚によ
る経営は，海外展開，営業や生産の改革を目指すものであった。厚が行った海
外展開を語るうえで欠かせないことは買収であろう。1996年にフランスの血液
分析装置メーカー「ABX社」を買収した。「ABX社」はスイスの製薬企業「ロ
シュ社」の子会社で，血球計数装置の専業メーカーである。また，翌年97年に
は200年近い歴史を持つフランスの光学分析機器

メーカー「インスツルメンツ社（旧ジョバンイボン社）」を買収した。
「ABX社」と「インスツルメンツ社」に共通する点は両社とも提携関係の
ある会社であった。父雅夫が貫いてきた無借金経営を破っての買収であっ
たが，父は「お前が経営しているのだから思ったようにすればいい」と
語ったという。しかし，買収当初，二社は業績に貢献できずにいた。二社
のうち一社は買収から7年間赤字だった。だが，2008年に起こったリーマ
ン・ショックで世界の企業が軒並み成績を落とす中，先の二社の買収が効
果を発揮することになった。堀場製作所も自動車事業と半導体事業が大幅
な減収減益に見舞われた。そうした状況で医用システム機器の営業利益は
前期比の2.8倍に，ハイエンドの光学分析機器も好調となった。厚（2014
年）は自身の著書の中で「赤字のお荷物部門から救世主へと変貌を遂げ
た」と述べている。毎四半期の利益ばかりに囚われず長期的な視点で買収
という多角化戦略を実践した厚はオーナーズマインドを有しているといえ
よう。

　買収は二社にとどまらず，2005年にはドイツの自動車分野の装置メー
カー「カール・シェンク社」から試験機器部門の事業を買収した。同社も
当初は赤字続きであったが2011年にチェコに新工場を建設し，生産技術の
横展開をしつつコストダウンを実現したおかげで1年半という早い段階で
黒字化に成功した。近年では自動車は電気自動車，ハイブリッド車が街を
走る姿を見かけることも珍しくなくなってきている。さらに燃料電池など
自動車業界は新技術へシフトしている最中である。しかし，堀場製作所が
得意とする排ガス計測器は電気自動車には必要ない。この危機を乗り越え
る一役を担ったのが電気自動車の開発で使われる設備を持つ同社の試験機
器部門の買収であった。このことについて厚（2014年）は「ここを買収し
たおかげで電気モーターの試験技術や関連のノウハウが手に入り，排ガス
計測だけではない，総合的な自動車開発のサポートができる企業に生まれ

変わった」と述べている。

　さらに2015年にイギリスの「MIRA社」を買収したことも非常に重要な点である。同社は車両開発エンジニアリングや試験設備を提供する会社であり，東京ドーム60個分の敷地にある全長4.5kmのテストコートや衝突試験設備などを手に入れた。これにより堀場製作所は自動運転や安全性能といった分野にまでビジネスの領域を広げている。「カール・シェンク社」，「MIRA社」の二社の買収は自動車事業を新時代に対応させるための戦略だった（堀場厚，2014年）。

　海外進出にも積極的である。93年には北欧での営業強化を目指してスウェーデンにホリバ・ヨーロッパの支店を開設し，96年には北京に駐在員事務所，翌年にはシンガポールに「ホリバ・インスツルメンツ社（HIS）」を設立した。2002年には100％出資の上海子会社「厚利巴儀器有限公司」を設立し，2012年には欧州最大の研究施設をフランスに，14年にはインドとブラジルに工場を設立している。既存の地域のビジネス強化にも積極的で98年には米国に「ホリバ/エステック社」を設立し半導体ビジネスを強化，99年には北米アナーバーにエンジン排ガス測定ラボを設置するなどさらに競争力を高めることにも努めていた。

　堀場製作所の2013年時点の事業別売上高構成比は自動車計測システム機器（36％），環境プロセスシステム機器（11％），医用システム機器（19％），半導体システム機器（17％），科学システム機器（17％）であり，事業にほとんど偏りがない状態である。事業のバランスを保つことによってリスク分散を行っているのである。半導体事業ではシリコンサイクル（半導体業界における景気サイクル）が存在し，大赤字になることもあれば非常に儲かることもある不安定事業である。一方で自動車や医用といった他のセグメントで固定費を補うことによって，半導体システム機器事業の競争力を高めることができているのである。また，世界中に拠点を置いているた

め売上を円，ユーロ，ドルで均等にすることを可能とし，通貨ベースにおいてもバランスを取っている。

　一方，堀場製作所は2001年３月に日製産業（現日立ハイテクノロジーズ）との総代理店契約解消を発表した。この時点で堀場製作所はビジネスセグメントの各統括部から営業機能を集約して国内営業本部を設置した。また，ビジネスセグメントとしては1999年９月に新事業統括センターを新設し新商品の事業化を積極的に行うための組織を導入した。さらに2002年３月には海外営業部，医用システム営業部，半導体システム営業部を国内営業部に統合して営業本部とした新体制を採用している。

　2007年11月には，営業本部に統合させた海外営業部を海外本部として独立させている。国内営業と海外営業を再度分離させた意図として次の二点が考えられる。①海外営業部門を営業本部の中で埋もれさせることなく組織的に独立させ独自のノウハウを継承させる，②組織を動かしながら従業員の意識を変え，国内営業を強化させる。

　このように，堀場製作所は日立との提携を解消し，日立ハイテクノロジーズのマージンを自らの利益とすることができるようになった反面，自分たちで売らないと売れないという責任感が生まれるなど営業の主体性が強く求められるようになった。そうした中で，新卒社員の営業配属，営業経験者の中途採用の実施，組織改革などを行い，事業戦略を柔軟に変化させてきたといえよう。

　1992年に堀場厚が社長に就任してから５年後の1997年の売上高は503億円，営業利益が36億円であったのに対し，2006年には売上高1,160億円，営業利益117億円を計上している。さらに堀場の成長は止まることなく2018年には2,105億円，営業利益288億円にものぼった。これほどまでに堀場製作所が成長した大きな要因は積極的な開発投資（海外企業の買収）の戦略であろう。特徴としては次の二点を挙げたい。まずは，①長期的な視

点である。既述の通り，厚が買収した企業は買収後の数年間赤字を記録している。しかし，リーマン・ショック，電気自動車へのシフトなど経営環境が大きく変化した際に貢献していた。経営者が目先の利益を求め，買収に失敗するというのはよくある話である。厚は長いタームで経営を考えていたからこそ結果として「ABX社」，「ジョバンイボン社」，「カール・シェンク社」，「MIRA社」の買収を成功させたのである。次に，②友好的買収である。厚が買収した企業の多くは相手から「あなたと仕事がしたい」との逆指名を受けての買収である。この大きな要因は以前から堀場製作所と提携関係にあり，堀場という企業に惚れ込んでいたという点であろう。だからこそオファーを受けての買収になり，結果として友好的買収となったである。これにより堀場製作所は人材や人脈，ネットワークを獲得することに成功した。

しかし，堀場製作所が最も時間をかけた投資は人材教育であった。堀場では人材を財産として考え教育に力を入れてきた。研修所である「FUN HOUSE」，従業員による講義「HORIBAカレッジ」，海外研修制度など独自性に富んだ手法で人材育成に取り組んでいる。もちろん，海外展開が進むにつれ外国人の雇用数は増加している。そこで「JOY&FUN（おもしろおかしく）」，「HORIBA Group is One Company」などのユニークな社是や経営方針を提示し価値観を共有し海外オペレーションをスムーズに進められるようにしており，時間をかけて教育された優秀な人材が堀場の海外展開を支えているといえる。

② 企業マネジメントと成果との関係

1996年に従来の営業，開発，生産という機能別組織を改め，ビジネスセグメント（統括部），アドミセグメント（管理部門），ビジネスサポートセグメント（営業統括，開発センター，生産センターなど）の3つのセグメ

ントに改編した（**図表3-4-9**）。

　まず，ビジネスセグメントは企画，開発，営業の機能を一本化した統括部制を4つの市場（エンジン，分析，医用，半導体）別に導入した。アドミセグメント，ビジネスサポートセグメントがこの4つの統括部をサポートする部門であることが見て取れる。そうすることで生産性の向上を図り，迅速に市場のニーズを把握し製品開発にフィードバックできる組織体系と

［図表3-4-9］1996年の組織改革後の組織図

出所：「堀場製作所の製品開発とパートナーシップ」から筆者修正

なっている。

　2001年に日立との提携解消を行うこととなるが，提携解消以前から機能別管理を事業別管理に改め，日立ハイテクノロジーズ（旧日製産業）に依存せずに事業運営を行うためにセグメントごとに事業戦略を立案するスタイルが形成されつつあったことは特筆すべきことであろう。日立との提携解消後の組織改革については上述の通りであるが，提携解消に至った経緯について少し触れたい。提携解消に至ったのは，①間接的販売のつけ，②相互に提携必要性の縮小，③自力での国内営業に向けた準備が整っていたという3つのポイントと，引き金となった出来事が起因している。

　その3つのポイントを要約すると，1つ目は直接販売できないためにお客様の声が直接聞けないということである。次に2つ目は，計測機器の分野において日立の体制変更により競業関係になったこと。3つ目は，前節で述べた内容と重複するが厚による組織改革によって，国内営業を自社で行う準備が進められていたことである。

　以上の背景があるうえで引き金となったのが，1999年に発表された日産リバイバルプランの影響である。これは，経営が悪化している日産自動車でカルロス・ゴーンが最高執行責任者（COO）に就任し，業績回復に向けて改革を行ったことが堀場と日立に影響を及ぼしたのである。この改革によって，日産自動車は物を購入することに対して非常にシビアになった。つまり，日産自動車が堀場製作所の製品を購入するにあたって，日立製作所が介入する必要性を問われたのである。結果として，日産自動車は堀場製作所から直接購入することを決定し，日立との提携は解消されたのである。この件を境に堀場製作所は組織を大きく変革することになった。その後，2004年より導入した「One Company（経営方針）」の推進を強化するため，堀場製作所では2006年よりマトリックス組織（**図表3-4-10**）による事業運営が行われている。

　変更点は図表の通りである。国，地域，会社などの壁を取り払い，事業部門単位で事業戦略や計画を策定できる体制の構築がなされた。メリットとしては，各事業の市場動向に迅速かつ柔軟な対応ができ，グローバルに一貫した事業運営を行える点が挙げられる。さらに事業部の縦軸に地域の横軸を入れることで地域ごとにシェアドサービスの導入を推進している。マトリックス組織の導入により創業時から続く高収入事業への集中投資であった「技術開発主導のビジネスモデル」から「顧客視点を重視したビジネスモデル」へと変化を遂げた。

　堀場厚による経営では，①グローバル化，②バランス経営，③組織改革の三点が特徴であった。父雅夫の時代に米国から始まった海外進出も今ではヨーロッパ，アジアとその範囲は拡大している。ビジネスならびに人材

[図表 3 - 4 -10]　マトリックス組織導入後の事業運営体制

	自動車	分析	医用	半導体
アジア ➡	日本，韓国，中国，インド，シンガポール	日本，韓国，中国，シンガポール	日本，タイ，中国，インド	日本，韓国，シンガポール，中国
シェアドサービス 欧州 ➡ シェアドサービス	フランス，ドイツ，オーストリア，スウェーデン，オランダ，チェコ，ロシア，イギリス，イタリア	ドイツ，フランス，オーストリア，イギリス，イタリア，スウェーデン，チェコ，スペイン	フランス，ポーランド，ポルトガル，イギリス，イタリア，オーストリア，スペイン，ルーマニア	ドイツ，フランス，イギリス，オランダ，チェコ，ロシア
米州 ➡	アメリカ，カナダ，ブラジル	アメリカ	アメリカ，ブラジル	アメリカ

出所：堀場製作所「2008年12月決算説明会資料」より筆者作成

をグローバル化させ堀場が世界展開を急速に進めることとなった。次にバランス経営である。「ABX社」，「ジョバンイボン社」，「カール・シェンク社」，「MIRA社」の四社を買収したことで新事業を展開しつつも既存事業をしっかりと強化することでバランスを取り，ホリバグループとして競争力を高めることができた。最後に組織改革では厚氏が代表取締役になる以前から自社での営業・販売の必要性を認識し，早い段階から営業部隊の育成，組織改革の準備ができていたことが日立との提携解消後，利益を享受できた要因であった。こうした厚の企業マネジメントの成果は**図表3-4-11**に示されているように顕著に表れている。

　社長就任3年後の95年には406億円であった売上高も仏の「ABX社」買収後の98年には医用事業が伸び675億円，ドイツの「カール・シェンク社」買収後の2010年には自動車事業が大きく伸びて1,185億円，英国の「MIRA社」買収後の2018年には2,105億円となっている。いかに厚氏の開発投資，バランス経営による成果が大きいかがわかるだろう。

　この第二次成長期は二代目社長の大浦政弘の時代に築いた技術力を活かしてグローバル展開を加速させ，さらなる経営資源の獲得に成功した時期である。

[図表3-4-11] セグメント別業績推移

単位：億円

	1995年	1998年	2010年	2015年	2018年
分析（科学＆環境）	277	260	326	438	477
半導体		102	276	353	577
医用		81	225	274	260
自動車	129	231	357	642	796
合計	406	675	1,185	1,708	2,105

出所：堀場製作所「2018年度12月期　決算説明会資料」とその他より著者作成

　これからの堀場製作所は第三次成長期を迎えることができるのか，それとも成熟期となってしまうのか。この命運は四代目社長足立正之に託された。2018年1月1日，堀場製作所は足立正之専務を代表取締役に昇格する人事を発表した。足立を社長とした理由について厚は以下のように語っている。

　「堀場製作所は技術の会社。基礎的な技術の原理原則を大事にすることが『ほんまもん』を作り出す。足立専務は会社のコア事業であるエンジン計測部門で，分光器ガスを測定する現在の排ガス測定器の基礎となる技術を開発した。さらに米国法人の社長も経験しており，経営の経験もある。」

　今なお成長を遂げている堀場製作所であるが今後足立によっていかなる経営がなされるのか注目である。自動車分野では益々電動化，自動運転など技術的経営環境は目まぐるしく変化している。環境分野においては新興国の事業成長に伴う環境対策がトレンドとなり，環境規制への対応の重要性がさらに浮上するだろう。良くも悪くも環境問題が発生し規制が厳しくなれば，堀場としてもビジネスチャンスはまだまだ拡大するだろう。医用分野ではインド，中国を中心に市場が成長している。小型計測器中心であった堀場も大型検査システムにまでその事業領域を広げることでさらに事業展開を加速できるだろう。半導体分野では，強固な開発・供給体制を構築し，新しい付加価値への挑戦が必要となるだろう。市場全体としてはまだまだ成長が見込まれるものの，昨今の日韓関係悪化によるビジネスへの影響には注意を払わなくてはならない。

　創業時から続く研究開発によって確立されてきた確かな技術を基に，今後は顧客志向主導のビジネスモデルで先端材料やバイオ，エネルギーといった新たな領域にまで事業を拡大し足立氏が社長を務める期間が第三次成長期であるといえるよう堀場製作所が今後益々発展することを切に願うばかりである。

1　Gartner（https://www.gartner.com/en/newsroom/press-releases/2020-01-15-gart-ner-says-global-it-spending-to-reach- 3 point 9 -trillion-in-2020, 2020年 3 月15日アクセス）

2　Korean Securities Dealers Automated Quotationsの略語。

3　韓国は1997年12月 3 日から2001年 8 月23日までIMF（International Monetary Fund, 国際通貨基金）を始め，IBRD（International Bank for Reconstruction and Development, 国際復興開発銀行），ADB（Asian Development Bank, アジア開発銀行）などから条件付きで緊急支援を受けた。その条件とは①高金利，②リストラなどを含めた企業体質の改善，③公共財の民営化であった。

4　Sustainable Development Goalsの略称

5　日経新聞2019年 8 月 9 日から引用

6　バイオテクノロジーを活用して図る経済成長

7　金（2013）

8　京畿道創業支援資金については，当時，「政府公基盤課題」事業の認定者に優先的に支給するという方針があり，同社はその方針により，比較的簡単に資金調達することが可能となった。

9　韓国総合技術金融（ベンチャーキャピタル）

10　韓国技術投資（ベンチャーキャピタル）

11　転換社債（Convertible Bond）

12　日刊工業新聞, 2018年 9 月27日から引用

13　閉鎖機関に指定され解散（1948年）したが，1953年に再設立。

14　MOP. Middle of the Pyramid 年間所得3000ドル以上20000ドル未満の中所得層

15　QCDS：Quality, Cost, Delivery, Serviceの略字

16　1．世界最高水準の製品・製造技術を継続的に進化させ，地球環境へ貢献し続ける。
　　2．マーケットとお客様から発想し，弛まぬ創造力と挑戦で，最高のQCDS（品質・コスト・納期・サービス）をお客様に提供する。
　　3．チームワーク豊かな企業文化を醸成し，人を活かし，働きがいと生きがいを大切にする。
　　4．世界的視野に立ち，真のグローバル企業を目指す。
　　5．利益ある成長を遂げ続ける企業を目指す。

第 **4** 章

比較事例分析

　以下においては4社の比較事例分析を行うことにする。分析フレームワークでは経営環境（PEST）の変化，経営戦略，経営組織，成果という構成要素が現れている。ここでは経営環境と企業のマネジメント（経営戦略と組織）との関係，企業のマネジメントと成果との関係について論じることにする。本書において，企業の成果の経営環境へのフィードバックについては詳しく言及しないことにする。

1 　生成期：何が各社の飛躍につながったか

　マークエニー社の生成期に韓国では失業者が莫大に増加する社会的問題をはらんでいた。日本に比べて大学進学率が高い韓国では高学歴の失業者が激増していて，その背景には韓国経済のIMF通貨危機があった。韓国はIMF救済措置をきっかけにして財閥中心から中小企業やベンチャー企業中心の経済体制に転換を図ろうとした。その基幹産業になったのがIT産業である。天然資源が乏しく教育水準の高い人材が豊富な韓国ならではの産業構造転換のトライであった。技術的にはアナログからデジタルの世界へ移行する転換期であった。PCとインターネットの普及率が急速に延び，デジタル情報のセキュリティ問題が台頭してきた。KOSDAQ市場が成立するとともにITやベンチャーバブル崩壊と再跳躍期を迎えた。ベンチャー企業育成に関する特別措置法が制定され，兵役免除や教授評価制度の見直しなどベンチャー企業支援政策がより具体化された。

　韓国や日本のベンチャーキャピタルなどによる3回にわたる投資誘致に成功した同社は市場予測の失敗や不景気にも耐えられる体力を備蓄した。後に同社のコア資源になるウォーターマーキング技術の開発に成功したが，DRM技術開発や経営資源の配分・活用プロセスを見ると，本来自分自身がやりたい分野のためにとりあえず資金確保や業績維持を行う金井の技術

[図表 4 - 1]　生成期の経営環境（PEST）の変化，経営戦略，経営組織

生成期		マークエニー社	セルバイオテック社	堀場製作所	ツバキ・ナカシマ
経営環境	社会的	• IMFによる失業者の増加	• バイオ産業に関する認識不在	• 産業構造の変化（農耕社会➡産業社会） • 急速な工業化➡水質汚濁，大気汚染への規制強化	• 敗戦後，国民の消費意欲の高まり➡ステータスシンボルが自転車から自動車へと変遷
	技術的	• アナログからデジタル社会へ変更	• 遺伝子操作技術，たんぱく質合成技術の発達	• 分光光度計のコアとなるプリズム用赤外線単結晶の輸入依存	• 自転車の国産化（堺に多くの自転車部品メーカーが集積） • 1950年代の真球度：0.2μm程度（現在のJIS規格G10）
	経済的	• 経済構造の変化	• 経済構造の変化	• 経済の高度成長	• 戦後，朝鮮戦争による朝鮮特需➡高度経済成長
	政治・法的	• ベンチャー企業育成に関する特別措置法	• 遺伝子工学育成法➡生命工学育成法の改訂	• 公害防止のための研究開発費の増大 • 大気浄化法の改正法（マスキー法）制定	• 戦時統制経済政策の実施 • 重要機械製造事業法が制定，精密機械統制会設立 • JISC及びJISの誕生
経営戦略		• 3回に渡る投資誘致 • ウォーターマーキング技術の開発➡DRMへ転換	• 政府公募基盤課題およびVCから資金調達 • 二重コーティング技術の確保	• 日立製作所との提携による人材・資金・技術の獲得 • 米国企業との合弁会社及び子会社設立による現地販売網獲得 • 医学用測定器の技術を自動車排ガス測定装置に活用	• 炭素鋼球製造を経験した高橋松次郎をスカウト • 椿本説三が経営参加 • 生産設備の改善
経営組織		• 研究開発中心 • 製品別事業組織➡事業部門別組織	• 研究開発中心➡海外営業（ODM/OEM）	• 研究開発と製造に注力（販売は日立グループが担当）	• 事務部と工務部の二部制➡4部8課，技術委員会，東京出張所

のパスファインディングプロセスが見られる。当然のことながら研究開発中心の会社組織が運営を主導することになり，営業業務などは外部委託をしていた。このような組織体制は会社の規模が大きくなるにつれ徐々に事業部制へと移行していく。

　セルバイオテック社の生成期はマークエニー社の時期とほとんど重なっているため，社会的，政治的・法的経営環境には敢えて言及しないが，当時韓国ではバイオ産業に関する認識があまり確立していなかった。ヒトゲノム研究が活性化され，遺伝子が分析されるなかタンパク質合成技術も発達していた。遺伝子工学育成法が制定され，後に生命工学育成法に改正されるなど徐々にバイオ産業が注目されるようになった。同社は鄭社長を中心に創業に動員した個人資金が尽きる前に様々なルートを通じて会社の運転資金や研究開発費を確保する必要があった。政府公募基盤課題に積極的に応募し，各種VCから資金調達を受けるまで努力を重ねた結果，資金を工面することができ，二重コーティング技術を確保するに至った。この技術を開発するとともに大量生産を可能にするために工場建設を急いだセルバイオテック社は後にOEM市場に進出する橋頭保を確保する。経営組織も創業初期の研究開発中心の組織より海外営業部門（OEM／ODM）を強化する形に変化していた。

　堀場製作所の生成期は第二次世界大戦が終わってすぐの時期だったため，原子力や物理学の研究が禁止されるなど，基礎研究が進まない時期であった。しかし，産業構造はすでに農耕社会から工業化が進んでおり，水質汚染問題や大気汚染問題が社会問題として浮上していた。当時の計測機器のコアとなる技術や部品は海外からの輸入に依存していた。朝鮮戦争の勃発は戦後の日本に対して経済復興の大きなチャンスだった。インフレが誘発されるとともに原子力研究開発予算が国会に提出されるなど様々な規制が緩和された。1960年代になると産業構造の転換による公害問題が深刻化し

ていき，公害国会といわれるほど社会問題になった。このような社会情勢の変化に伴い堀場製作所は原子力研究関連政府補助金を獲得し，日立製作所と提携して人・金・技術といった経営資源を獲得することになる。同社は獲得した経営資源を自動車ガス測定機器開発に集中させた。ここで注目すべきところは，金井が言っている技術のパスファインディングの傾向が業界を超えて（比較事例分析の対象はその業界が多岐にわたっている）見られる点である。当時，同社は医療用測定機器の技術を自動車排ガス測定機器に活用することで公害測定機器事業へ参画することができた。2020年現在同社の事業構成をみると医療用測定機器分野が主要事業群の1つとして位置づけられていることから，事業を意識する段階と着手する段階において資金確保や会社経営を安定させるための優先順位をどこに置くのかがいかに重要であるかを鮮明にあらわしているケースであると思う。同社は研究開発と生産に注力しながら，販売は日立製作所に委託するという狭くて限定的なネットワーキング組織戦略をとっていた。

　ツバキ・ナカシマ社の生成期は，敗戦後，日本国民の消費意欲の高まりにより，その移動手段が戦前の自転車から自動車へ移行してきた時期だった。当時，自動車産業では欧米企業から技術を導入してきて軍用車から民間用乗用車へと技術移転が行われた。自転車の国産化が進み，大阪・堺に多くの自転車部品メーカーが集積することになった。朝鮮戦争（1950年）による朝鮮特需により高度経済成長を達成した日本は海外進出を積極的に行った。戦時は統制経済政策が実施され，重要産業統制法制定（1931年）や自動車製造事業法制定（1936年），自転車の配給制，公定価格制（1940年）などの様々な規制が存在していた。戦後，GHQによる統制を経て日本ベアリング協会設立（1945年）と軸受処理協議会が設立（1946年）され，JISC（1946年）およびJISが誕生（1949年）した。同社は，生成期に炭素鋼球製造を経験した高橋松次郎をスカウトし，森居嘉一郎，伏山英司，今

村松次郎が出資したが，戦時経済統制により森居嘉一郎だけが残り，椿本説三が経営参加することになった。朝鮮戦争による売上の増加は資本金の増資，設備資金に充当することにした。その後，生産設備を改善するとともに工場設備を拡大した。営業活動の拠点も東京出張所を開設するなど拡充した。同社はボールペン用ボール（1948年）やパチンコボール（1951年）の開発・製造を行い，後にベアリング用鋼球市場へ進出する基盤づくりを行った。前述したように創業者は近森小三郎で初代社長は椿本説三が就任した。組織としては事務部と工務部の二部制であり，4部8課，技術委員会，東京出張所が組織化された。労働組合が結成され（1946年），身分制の廃止，週末休日を実施するなど戦時体制を改善した。社名が東洋鋼球製造株式会社から椿本鋼球製造株式会社（1954年）に変更されたのもこの時期だった。

● 生成期における各社飛躍のきっかけ

　生成期のマークエニー社はウォーターマーキング技術を確保していたが，まだ十分な市場が形成されていなかったためにDRM技術を確保してDRM市場に移行していたのが資金力を確保するきっかけになった。セルバイオテック社は乳酸菌原末技術を確保することで乳酸菌市場の成長可能性を確認したことが大企業中心の韓国市場において独自路線で生き残る足場を確保することになる。堀場製作所はpH測定器など環境分析測定技術と医療用呼吸分析技術を確保し，後に自動車の排気ガスを測定する技術を確保することになる。同社は通産省の提案に対して既存の医療用呼吸分析機器を利用して排気ガス測定装置を開発しようとした。初代社長が人間にかかわる技術を自動車に使うことに対して反対したが，後の二代目社長を中心に秘密裏に開発に成功した。ツバキ・ナカシマは炭素剛球製造技術を確保し，ボールペン，パチンコ，ベアリング用の剛球を生産した。後に自転車の普

及と生活用品のなかで剛球関連の多様な製品が出現することで飛躍的に発
展することになった。

2 形成期：経営環境の変化への対応

　2005年から韓国ではADSLが普及し，VDSLもこの時期に登場した。
DMBも2005年から始まった。デジタルコンテンツが急速に普及していく
中，著作権被害が社会問題として浮上した。この時期に母胎ファンド
（Fund of Funds, FoF）という様々な投資家（出資者）の出資により１つ
の「母ファンド」を助成して個別投資ファンドである「子ファンド」に出
資するというファンドが登場した。すなわち，投資家が企業やプロジェク
トに直接投資するのではなく企業やプロジェクトに投資する個別ファンド
に出資することを意味する。企業やプロジェクトの失敗のリスクを背負う
ことなく，収益を得られることでより多くの投資家が韓国のベンチャー産
業に投資するきっかけとなった。

　「ベンチャー活性化のための金融・税制支援法案」，「ベンチャー活性化
法案対策」が発表され，ベンチャーキャピタルが活発に機能したのもこの
時期であった。

　マークエニー社は市場においてウォーターマーキング技術が浮上してく
ることを感知し，Digimarc社とのクロスライセンシング契約に踏み切った。
当時のキャッシュカウであったDRM技術を改良していくために外部から
優秀な人材を確保した。韓国のIT市場はその規模から成長に限界がある
と考えた同社は積極的に海外進出を狙っていて海外現地法人を次々と設立
した。創業者である崔教授はビジネスが大きくなっていくにつれ，営業と
技術開発分野を分離する必要性を感じていて専門経営者体制に経営組織を
変革した。

[図表4-2] 形成期の経営環境（PEST）の変化，経営戦略，経営組織

形成期		マークエニー社	セルバイオテック社	堀場製作所	ツバキ・ナカシマ
経営環境	社会的	• 反ベンチャー主義	• 高齢化社会への変化	• 環境への関心度向上	• モータリゼーション • 製造業における機械産業の重要度の高まり
	技術的	• デジタルコンテンツへの著作権被害	• ITとBTの融合	• 非分散型外吸収方式➡水素炎イオン化法，化学発光法（CLD）に変化	• 高い精度の鋼球の需要拡大➡真球度0.1μm（JIS規格G5）から真球度50nm（0.05μm，JIS規格G3）まで向上
	経済的	• KOSDAQ市場の活性化	• FoF（Fund of Funds，母胎ファンド）	• 経済の高度成長 • 日米貿易摩擦	• 日米貿易摩擦 • レーガノミクスによる円安➡プラザ合意
	政治・法的	• 「ベンチャー活性化のための金融・税制支援法案」，「ベンチャー活性化法案対策」の発表	• 健康機能食品に関する法律	• 環境庁設立（1971） • 大気汚染防止法，エネルギーの使用の合理化等に関する法律	• 通商産業省，ベアリングを含む275品目の輸入自由化を発表 • 機械工業振興法による軸受製造業振興基本計画を告示 • ボールねじの制定
経営戦略		• ウォーターマーキング市場の浮上，DRM技術の改善 • 外部からの人材確保	• 海外の人材を確保 • セルバイオテック細胞工学研究所の設立 • DUOLAC特許登録（韓国，日本，ヨーロッパ） • 乳酸菌技術に基づいたニキビ治療薬の日本・デンマークと共同研究	• 大阪証券取引所第2部，京都証券取引所に株式上場 • 海外の合弁会社設立（米国オルソン・ホリバ） • 米国EPA（環境保護局）へ自動車排ガス測定装置を納入	• ボールねじ生産の本格化 • 米国ビーバー社と技術提携➡米国進出のためビーバー社との契約を解消 • コンピューター，CADシステムの導入，全社の情報システム化完成 • 海外企業の買収 • 製品の多角化
経営組織		• 事業部門の変化（専門経営者体制）	• 販売部門の分社➡セルバイオテック・インタナショナルを設立	• プライベートな研究所的組織➡本格的な会社形態	• 営業部組織の改正（鋼球営業部，ねじ営業部）➡市場背景の変化により，鋼球営業部・ねじ営業部の合併 • 海外へ駐在員派遣，三菱商事と協力

　形成期のセルバイオテック社はベンチャー産業に対する社会的な非難が増している中，高齢者社会へ移行している韓国と直面することになった。当時，ソウル大学において人間の体細胞の複製に成功するなど飛躍的な技術発展があった。ITとBTが結合した時期でもあり，他のベンチャー産業を取り巻く環境はマークエニー社のそれとほとんど共通していた。セルバイオテック社が進出した業界においては健康機能食品に関する法律が発令された。同社は海外から人材を確保してセルバイオテック細胞工学研究所を設立した。ソウル大学との共同研究を進めるとともにデンマークブロステ社との販売チャンネルを共有することで流通網を拡充した。自社ブランドであるボディーチューンを，コンビニを中心に販売するとともに，韓国や日本，ヨーロッパにおいてDUOLACを特許登録した。乳酸菌技術に基づいたニキビ治療薬の日本やデンマークとの共同研究が始まったのもこの時期である。

　経営組織の面で，同社は販売部門を分社化してセルバイオテック・インターナショナルを設立し，国際化を進めた。

　堀場製作所の形成期はアメリカから始まったCO_2排出規制を含む環境汚染への関心が全世界的に高まっていた。技術的には非分散赤外吸収方式から水素炎イオン化法と化学発光法（CLD）へと変化が現れた。日本の高度経済成長期だったこの時期，アメリカはニクソンショックを経験するとともに日米貿易摩擦や繊維，鉄鋼，電化，自動車製品の方へ徐々に拡大していた時期であった。政治的および法的環境も激変したこの時期に環境庁が設立され，アメリカにおいては大気浄化法，マスキー法，大気汚染防止法，エネルギーの使用の合理化などに関する法律が次々と発令された。

　同社は大阪と東京証券取引所に上場した後に関係分野の企業と共同会社を設立することによって本格的に海外進出をするための基盤づくりを行った。アメリカの会社と合弁会社を設立し，アメリカEPA（環境保護局）

へ自動車排ガス測定装置を納品したのもこの時期であった。経営組織は小規模の研究所的な形態から本格的な会社組織である4部門制に移行した。

　形成期のツバキ・ナカシマはモータリゼーション，すなわち自動車が社会と大衆に広く普及し，生活必需品化する時代を経験する。したがって，輸送機器の需要が増加し，製造業において機械産業の重要度が増していた。技術的な環境の変化としては，自動車メーカー各社による技術競争が激しく繰り広げられ，家庭用のビデオデッキの登場によって高い精度の鋼球の需要が拡大した時期だった。他の経済的，政治・法的環境については形成期の堀場製作所と同じであるが，レーガノミクスによる円安が進みプラザ合意が実現した。

　自動車部品への関税賦課が進む中，対米自動車輸出の自主規制が行われた。通商産業省は，ベアリングを含む275品目の輸入自由化を発表した。同社は東芝と京セラとの技術協力を強化した。東証二部，大証二部，ルクセンブルグ証券取引所に上場した。1988年には東証一部と大証一部に上場してアメリカやメキシコなどの海外企業を積極的に買収することになる。当時の経営者は宮崎と近藤でまだ本格的な組織分化は見られなかった。

　形成期のマークエニー社は，インターネット時代の到来でウォーターマーキングとDRM技術の拡大によって海外進出に成功した時期だった。

　同時期のセルバイオテック社は生産性が向上し，技術力は問題なかったがブランド力がなかったために，OEM，ODM 市場に進出してまず会社運転資金を確保して海外進出基盤を整えた。

　同時期，堀場製作所はアメリカ環境保護局へ自動車排気ガス測定装置を納品し，世界最大の自動車市場であったアメリカ市場において技術力が認められ，全世界を対象に自動車排気ガス測定装置を納品したのが売上高の急成長につながった。

　ツバキ・ナカシマは，ボールねじを開発し，コンピューターを導入して

全社の電算システム化に成功した。海外進出および海外企業を積極的に買収し，製品の多角化，品質管理活動を実施した。鋼球製品の多様化を通じて新しい市場および源泉技術を確保し，コンピューターを導入することで業務の効率性と生産性が向上したことが売り上げ増加につながった。

3 第一成長期：第二の成長エンジンの模索

　マークエニー社の第一成長期（2009年～2012年）に入ると，韓国においてベンチャー企業の海外進出が目立つようになった。光ファイバーが本格的に導入され，スマートフォンが登場するなどモバイル機器が飛躍的に発展した。しかしリーマン・ショックによる大不況でベンチャー企業は資金調達が厳しくなり，金大中大統領の時に制定・発令されたベンチャー企業育成に関する特別措置法は延長されることとなった。またM＆A要件が緩和され，第二期のベンチャー企業育成対策が発表された。同社は営業部門を強化するために外部から人材を獲得し，海外事業本部や海外現地法人を次々と設立した。これらは後に，マークエニー・インターナショナルなどに独立法人化された。U-Biz本部を設置し，創業者である崔取締役が経営の第一線に復帰したのもこの時期であった。

　セルバイオテック社の第一成長期は2010年から2016年の間である。当時は健康機能食品に対する認知度が向上し，第二のバイオベンチャーブームが渡来した時期だった（2016年のバイオベンチャー設立件数は443社に達した）。乳酸菌技術を使用した製品が多数誕生し，乳酸菌分野において遺伝子工学を融合させる研究が進展した。経済的にはリーマン・ショックを経験し，ベンチャー企業が資金不足に苦しむなか，各種ベンチャー支援策が打ち出された。同社は完成品生産工程である第3工場を完成させ，生産能力を高めた。繰り返し見られるのは，同社のドメインの変化である。意

[図表 4 - 3] 第一成長期の経営環境 (PEST) の変化，経営戦略，経営組織

第一成長期		マークエニー社	セルバイオテック社	堀場製作所	ツバキ・ナカシマ
経営環境	社会的	• ベンチャー企業の海外進出	• 健康機能食品に関する認知度が向上	• 米国で環境測定器の需要増	• 各自動車メーカーと家電メーカーが海外に現地生産拠点を設置 • 産業全体のグローバル化➡国内で産業の空洞化が進む
	技術的	• モバイル機器の発展（スマートフォンの登場・普及）	• 乳酸菌分野に遺伝子工学を融合させる研究	• IC時代の幕開け➡集積回路の規模拡大と多機能化	• 1990代後半：真球度50nm（JIS規格 G 3）➡2000年以降：真球度20nm（JIS規格 G10）
	経済的	• リーマン・ショックによる大不況	• ベンチャー企業の資本調達が厳しくなる➡FoFの活躍	• バブル景気とバブルの崩壊 • アジアの経済成長	• バブルの崩壊とアジア通貨危機 • リーマン・ショック，東日本大震災による円高
	政治・法的	• 第2期ベンチャー企業育成対策	• バイオベンチャー支援策の増加	• 米国で大気浄化法	• ベアリング業界（玉軸受・ころ軸受製造業），中小企業信用保険法の特定業種に指定
経営戦略		• 外部からの人材確保（営業担当） • CCTV用アルゴリズムの開発・常用化	• 原料医薬品LH菌のDMF登録 • 大腸がん関連基盤技術特許取得 • 乳酸菌専門ブランド「DUO-LAC」販売開始	• 海外企業との提携による経営資源の獲得 • 製造権，販売権に関する譲渡契約を国際電子工業と締結➡金属分析市場へ進出	• 椿本精工と中島製作所の合併➡ツバキ・ナカシマの誕生 • 海外企業の買収，海外現地法人設立 • 素材の多様化 • 地産地消モデル（海外現地），地域のニーズに合わせた品質レベル➡為替レートのリスク，貿易摩擦を回避
経営組織		• 海外事業本部の強化 • 崔代表取締役の復帰	• 営業職の強化	• 機能別管理 • 開発本部と製造部門を統合し生産本部を設立	• 事業部組織，現場中心の組織構造 • 事業部門の子会社化

識のドメインや着手のドメインの話で登場するし，拡大して解釈すれば金井のパスファインディングの概念とも通じる。医薬品の原料の開発や大腸がん関連基盤技術の取得は人類に貢献したいという遠大な夢があったためであるが，事業を始め会社を維持していくためには安定的なキャッシュフローが前提条件になる。したがって，同社は乳酸菌ビジネスをB to BからB to Cの方に拡散させながら事業のボリュームを増やすとともに韓国社会において企業の認知度を高めることを優先した。乳酸菌専門ブランドであるDUOLACが販売され，有名な芸能人を宣伝広告に採用するなど企業努力を行った結果，化粧品ビジネスの方へ多角化を行うきっかけを摑むとともに抗がん剤の開発まで手掛けるようになった。当時は急激に増えた取引先のため営業組織を大幅に補強した。

　堀場製作所の第一成長期には，日本環境技術協会が設立され，アメリカにおいて環境測定機器の需要が伸びる時期だった。IC時代が幕を開け，集積回路が普及するとともに多機能化した。日米貿易摩擦は半導体や自動車産業など国の基幹産業の輸出に大きな影響を与えた。日本経済はバブルが崩壊し，その後アジア経済の急成長が目立つようになった。特に韓国自動車産業の成長は特筆すべきでそのほかにも様々な産業において分析計の需要が急速に拡大した。1985年にはプラザ合意が成立し，アメリカでは大気浄化法が制定された。海外企業との提携を強化しながら事業や製品ラインナップを拡大した時期であった。製造権，販売権に関する譲渡契約を国際電子工業と締結し，金属分析市場に進出したのもこの時期である。当時は高収益事業に集中投資を行うとともにシンガポールとオーストリア，韓国，中国への海外投資を惜しまなかった。

　組織面では，基本的には機能別組織で管理していた時期であった。また，海外進出が本格化するにつれ，海外出向者公募制度（後に海外研修制度）を導入した（1977年，1984年）。東京セールスオフィスが開設され，開発

本部と製造部門を統合し生産本部を設立したのもこの時期だった。

　ツバキ・ナカシマの第一成長期は各自動車メーカーと家電メーカーが海外に現地生産拠点を設置する時期で，産業全体のグローバル化が急速に進んだ。グローバル化の進展により，日本国内産業の空洞化という社会問題が生じたのも事実である。当時は全世界的に太陽光発電が流行し，太陽光パネル需要が急激に増えた時期であり，そのパネルの主要生産地である中国にて大量生産が行われた。そして，パネルの素材である窒化ケイ素も大量に生産されたが，セラミック球の素材も実は同じものであった。

　パソコンの普及により，ハードディスク用の鋼球需要が急激に増加した。当時，精密度は高いが，価格は安いセラミック球を求める顧客に対して，同社は優れた技術と生産性を武器に次々と納品先を増やしていた。1990年代に入り，真球度は徐々に増していき，より精密度を要求する産業に納品できるようになった。1990年代後半には電気自動車とハイブリッド車が出現し，急速に浸透した。1991年にはバブル経済が崩壊し，1997年にはアジア通貨危機が訪れた。2008年にはリーマン・ショック，2011年には東日本大震災によって円高がしばらく続いた。当時は中小企業基本法が改正され，ベアリング業界が中小企業信用保険法の特定業種に指定された。自動車から排出される各種汚染物質の削減に関する特別措置法が改正されたのもこの時期である。

　1996年，椿本精工と中島製作所を合併し，ツバキ・ナカシマが誕生した。2007年には東京と大阪証券取引所において上場を廃止したが，2012年再び再上場の申込みをするものの，株式市場の地合いの悪さを理由に上場は延期された。同社はハンガリー，ポーランド，中国，イギリスにおいて海外企業を積極的に買収した。また，海外現地法人を中国や台湾において設立し，グローバル化を着実に進めていた。同社が取り扱っていた素材も多様化していてセラミック，ガラスなどの分野にまで広がった。よって取引先

が望む素材でボールを加工し，納品できるようになった。当時は，品質管理課を中心とした現場職が技術および機械を改良していて，明確な研究開発部門と生産部門の区別はなかった。

　葛城工場を中心に新技術を開発し，国内外の工場に技術を伝播するようなシステムが確立された。基本的には海外現地における地産地消モデルが定着し，これらは地域のニーズに合わせた品質レベルを実現するとともに為替レートのリスクや貿易摩擦を回避する効果にもつながった。HDDなど，騒音に敏感な製品に自社製品にて納品ができたのもこの時期である。2000年には四代目社長の近藤社長が就任し，事業部制組織を完成させた。現場中心の組織構造が強化され，事業部門の子会社化が2002年に実現した。

　第一成長期のマークエニー社はDRM市場が飽和状態になり，ウォーターマーキングおよびDRM技術の多角化にてCCTV分野に進出して事業分野を拡大した。従来の資金源が経営環境の変化により転換点を迎えたのである。

　セルバイオテック社はOEM，ODMにより自社ブランドの売上の収益性が高いことが分かっていたものの，ブランド力がなかったため自社ブランド売上が少なかった。しかし，市場における認知度の上昇に伴い，DUO-LACというブランドを立ち上げ，積極的にデンマークなど海外進出を図った。後に乳酸菌技術を多角化し，抗がん剤，化粧品分野などにも進出した。同社は特に医薬品関連分野の研究を通じて次世代成長エンジンを確保した。

　第一成長期において堀場製作所は，分析技術を活用した技術多角化を実施した。非関連分野においては海外企業と技術連携を通じて関連技術を確保した。半導体分野及び医療用分析器分野に進出することに成功し，取引先の多様化を実現した。自動車排気ガス分析分野において海外の会社との技術協力関係を結び，海外拠点の確保とHORIBAブランドの立ち上げに拍車をかけた。

ツバキ・ナカシマは，取引先のニーズに多様な素材の開発にて対応し，多角化に成功した。海外企業買収のほか，同社は外部の経営干渉を防ぐために株式上場を一時的に廃止した。海外現地の企業を買収して現地の販売チャンネル及び機材の活用に役立てた。

4 第二成長期：安定的な成長の模索

マークエニー社の第二の成長期に入ると，ベンチャー企業に対する認識も変化するが，雇用なし成長が持続することで韓国社会において若者層の高い失業率が社会問題になる。創業当時からキャッシュの確保のために参入していたDRM市場が飽和状態になり，新市場開拓の必要性が出てきた。この時期にはブロックチェーン技術を基盤とした仮想通貨市場が登場し，ビッグデータやIoT，AI市場も浮上した。2013年，KONEX（Korea New Exchange）という新しい株式市場が設立され，創業初期段階の中小，ベンチャー企業が資本市場を通して必要資金を円滑に調達できるようになり，将来的にKOSDAQに上場できる土台ができた。また，ベンチャー・創業資金生態系好循環計画という政策が発表され，創造的経済を実現するために革新型ベンチャー企業の創業と成長，祖業への再挑戦を活発化させるためにそれらを支援する資金が創業→成長→回収→再投資/再挑戦などの段階別に円滑に循環するベンチャー企業の資金生態系を調整した。さらに，K-GlobalプロジェクトはICT産業の海外進出や基盤技術確保，R&D，メントリング，などを支援するプロジェクトとして発足した。

同社はAI，ブロックチェーンの技術や人材を確保するとともにCCTV関連技術を海外会社とのMOUを通じて確保し，DRM，WM（ウォーターマーキング）技術とAI・ブロックチェーン技術を融合し，新規事業開拓に乗り出した。その結果，ブロックチェーン技術を開発，商用化でき，

［図表4-4］第二成長期の経営環境（PEST）の変化，経営戦略，経営組織

第二成長期		マークエニー社	セルバイオテック社	堀場製作所	ツバキ・ナカシマ
経営環境	社会的	• 雇用無し成長の持続➡高い若者層の失業率	• 製薬会社のプロバイオティクス市場への参入	• 東日本大震災による堀場製品需要の増加	• 電気自動車，水素自動車,ドローンなど4G,5Gの技術とその関連産業分野の登場
	技術的	• ブロックチェーンを基盤とする仮想通貨の登場 • ビッグデータ，AIなどのIoTの浮上	• プロバイオティクスを利用した医薬品の開発 • マイクロバイオーム分野の台頭	• ディーゼル車➡電気自動車，ハイブリッド車,燃料電池 • IoT，AIの登場➡自動運転技術，安全性能意識の高まり	• 超高精度ボールの需要拡大（真球度18nm以下） • パワートレインの電動化（すべり軸受け➡転がり軸受け）
	経済的	• KONEX（Korea New Exchange）市場の開設	• 健康機能食品の市場の拡大	• リーマン・ショックによる不景気	• TPPの署名 • 米中貿易摩擦 • ベアリング産業の二分化
	政治・法的	• ベンチャー・創業資金生態系好循環計画	• K-Globalプロジェクト	• 特定特殊自動車排出ガス規制等に関する法律 • ヨーロッパで乗用車のRED規制	• 環境基本法制定➡気候変動枠組条約締約国会議
経営戦略		• AI，ブロックチェーンの技術・人材確保 • DRM，WM技術とAI・ブロックチェーンの技術を融合し，新規事業開拓	• 抗がん剤治療用乳酸菌2種の特許取得 • 販売チャンネルの多角化➡DU-ORAC（薬局販売）とNutra DUORAC（ドラックストア） • One Stop Solution構築（品質管理）	• 日立との提携解消➡製販一体 • 多角化戦略 • 事業セグメント毎の注力製品を明確化	• 米国のカーライルグループとの資本提携，外部専門家のスカウト • 生産の自動化，検査工程の自動化 • 極限の真球度の追求➡現在の測定器では測れない • 売り上げの約1％をR&Dに投資➡工場設備の改善➡研磨技術の高度化
経営組織		• ソリューション中心の組織改革	• セルバイテック・フランスの設立（2017） • 研究開発部門の改革	• 機能別管理➡事業別管理（統括部制）	• 事業部組織からマトリックス組織に変化 • グローバル経営/組織体制の確立，グローバルアカウントマネジャーの役割

AIとCCTV技術の融合が実現した。モバイル市場に合わせた新しいサービスの提供を実現するために同社はソリューション中心の組織改革も断行した。

　第二成長期のセルバイオテック社は，韓国の所得の増加とともに健康維持への関心度が高まった時期にプロバイオティクス分野に参入した。健康機能食品市場の拡大とマイクロバイオーム分野の台頭は同社の事業拡大を後押しした。各種ベンチャー支援策が韓国において打ち出されるなか，抗がん剤治療用の乳酸菌2種の特許を取得したセルバイオテック社は，バイオ医薬品のために第4工場を竣工した。乳酸菌化粧品やオイルドロップ製品を販売開始するとともに販売チャネルを多角化した。国内外の博覧会への参加や研修会の開催を通じてブランド認知度を増大させた。品質管理においてワンストップソリューションを構築した同社は，セルバイオテック・フランスを設立した。研究開発チームも製品や工程の多様化とともに細分化した。

　第二成長期の堀場製作所は特定特殊自動車排ガス規制等に関する法律やヨーロッパにおける乗用車の排気ガス規制が強化されていくなかで，経済的にはバブルが崩壊し，リーマン・ショックによる不景気を経験する時期だった。米国との貿易摩擦が起こり，日産自動車の不振でリバイバルプランが始動した。イギリスがEUから離脱するなど激変する経営環境の中で同社の製品需要は徐々に増加した。技術的にはディーゼル車より電気自動車やハイブリッド車，燃料電池を利用する運送手段が増えてきた。IoTやAIの台頭により自動運転技術や安全性能が飛躍的に発展した。同社は日立との提携を解消し，製販一体を実現した。これによって自らの利益が増えていくと同時に，事業戦略のマーケット志向化という名の下でM&Aを通じて開発投資を進めていき，ビジネスと人材の面ではグローバル化が急速に普及した時期だった。

　同社は事業セグメントごとに注力製品を明確にしており，円滑なアライアンスを実現するために事業や会社を買収した。同社は4つのセグメントに区分した事業別管理をしていて機能別管理組織から事業部別管理体制（統括部制）に移行した。

　第二成長期のツバキ・ナカシマは電気自動車，水素自動車が普及していく中，ドローンなど4G，5Gの技術とその関連産業の急速な発展を目の当たりにする。超高精度ボールの需要が拡大し，ボールの素材も多様化した。第四次産業革命時代の到来とともにパワートレインが電動化するなど技術的な進歩があった。自動車やその部品分野において中国，インド，ASEAN諸国の発展が著しくなってきた。アジア太平洋の諸国間でTPPが締結される一方，アメリカと中国の間で貿易摩擦が生じて長期化した。ベアリング産業は二極化していて中国を中心とした低価格市場とドイツや日本を中心とした高価格市場に両極化した。環境基本法が制定され，エコカー減税が始まったのもこの時期である。

　同社は米国のカーライルグループとの資本提携を行い，外部の専門家をスカウトした。生産の自動化と検査工程の自動化を行い，Tsubaki Nakashima Korea Co., Ltd.（現：TN KOREA CO., LTD.）を設立して国際化を進めた。いったん保留していた株式再上場を東京証券取引所市場第一部に再上場した。米国NN社PBC事業部門を買収し，海外経験が豊富な人材を積極的に採用した。極限の真球度の追求により，現在の測定器では測れないほどの製品を完成させた。葛城工場から海外工場へ技術導入をし，日本と同レベルの高い精度の加工を実現した。大阪市内に新しいオフィスを設立（2015年）し，グローバル部門，IR部門も配置した。同社は売上の約1％をR&Dに投資し，工場設備の改善と研磨技術の高度化を図っている。五代目社長に高宮が就任して事業部組織からマトリックス組織に変化が生じた。グローバル経営/組織体制が確立し，グローバルアカウント

マネジャーの役割が増大した。専門的な研究組織が登場したのもこの時期である。組織の改革により業務の明確化と前任者制度が導入された。

第二成長期に入ってマークエニー社はAI，ブロックチェーン事業を本格化していく。ウォーターマーキング，DRM技術にAIおよびブロックチェーンを導入することで安全性を高めることに成功する。

セルバイオテック社は抗がん剤用乳酸菌特許を提出し，化粧品市場にも本格的に進出する。DUOLACの販売量は一時的に低下するが，それは競合他社の価格攻勢および多様な販売先を保有したライバルに押されてしまったからである。DUOLACは高価格で限定した販売先しかなかったが，販売実績に危機感を覚えた同社は既存の販売先に一般販売用のブランドを立ち上げる。販売チャネルを拡大した同社は健康機能食品企業から医薬品専門企業に会社の方向性を転換した。

堀場製作所は，海外の自動車（電気自動車関連試験機器部門）および医療分析関連企業の買収を通じた事業分野の拡大によって収益が安定することになる。自動車は内燃機関から電気機関に移行している時期であり，このような時代の変化に合わせて自動車排気ガス分析から電気自動車開発および試験機器部門への事業拡大を図っている。また，既存の事業部門は海外営業を強化するために海外拠点確保に力を入れている。

ツバキ・ナカシマはカーライルと資本提携をし，高宮体制下でグローバル市場に合わせて組織改編を行う。マトリックス組織が形成され，研究分野，グローバル部門，IR部門などに細分化された。生産および検査工程の自動化を達成し，生産性も向上した。安定的な資金調達のために再上場したのもこの時期だった。

第 5 章

制度論と資源ベース論の統合：
本書の結論

1 結　論

　本書では，急変する経営環境の中で日韓の研究開発中心型企業における
イノベーションプロセス（マネジメント変遷）の比較検討を行うために，
まず関連する先行研究をいくつかのカテゴリに分類して整理を試み，日韓
の研究開発中心型企業における成否の鍵はいかなるものであるかを検討し
てきた。

　本書では，先行研究を踏まえ，企業が保有している特有の経営資源に注
目する資源ベース論（Resource Based View）を中心に事例分析を進めな
がらも，日韓両国の業界全体を取り巻く経営環境要因と企業マネジメント
の間の相互作用に関する議論までを分析の視野に入れている。

　実証研究としては，経営環境，企業マネジメント，成果を一貫して考察
するために，項目ごとに詳細な事例分析を試み，4社の事業展開をもとに
比較事例分析を行った。

　急激に変化している両国のIT，バイオ，自動車産業を取り巻く経営環
境のなかで日韓の企業が先進企業をキャッチアップし，持続的な競争優位
を保つためには，これまでの企業における経営戦略や経営組織を一新しな
ければならない。

　本書では，上記のような問題意識のもとで，日韓の企業が激動する経営
環境の変化のなかで優れた企業成果を生み出すための経営戦略（ドメイン，
経営資源の動態的展開，競争戦略），経営組織の仕組みに注目し，日韓の
4つの企業の比較事例分析を行った結果，以下のような結論を導き出すこ
とができた。

　まず，2×2マトリックスにて表している各社のマネジメントの変遷過
程をフェーズごとに説明すると**図表5-1**の通りである。まず，マトリッ

[図表5-1]　日韓の4つの企業の比較事例分析

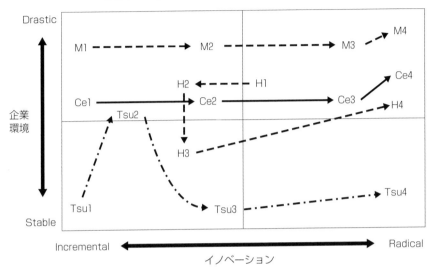

M：マークエニー社　Ce：セルバイオテック社　H：堀場製作所　Tsu：ツバキ・ナカシマ

クス基準であるが，縦軸を企業環境が安定的か否か，横軸をイノベーショ
ンの性質が漸進的か急進的かによって分けている。

　マークエニー社は，韓国ベンチャーブームが起こっているさなか，比較
的大学の教員や研究員が創業しやすい知識集約的な産業であるIT産業に
参入する。当時は韓国政府のベンチャー産業に対する強力な支援策が実行
されるなか，政府の研究課題や大企業との協働作業などを行いながら創業
者も創業メンバーたちも比較的に慣れているIT分野に進出し，DRMや
WM技術などの関連型多角化を行いながら成長していた。韓国政府の支援
策（政治や法的環境がドラスティックに変化）は生成期から現在に至るま
で非常に強力で，IT産業を取り巻く社会的，技術的変化も激しかった。
同社はDRMやWM技術を用いて生成期や形成期のインクリメンタル・イ
ノベーションを主導していたが，成長期に入ると既存の事業分野だけでは

成長の限界を感じたためCCTVやAI，ビッグデータやブロックチェーンなど全く経験していない分野への進出を試みた。一時的に経営の現場から離れていた創業者の崔が戻ってきたのもこのような異分野への積極的な進出を後押しした。

　セルバイオテック社は，韓国のバイオベンチャー企業で生成期から現在に至るまで，ベンチャー企業育成に関する韓国政府のバックアップや，バイオや健康食品関連法案が整備されていくなか成長を遂げてきた。バイオベンチャー企業にも様々なタイプの企業が存在するが，同社は乳酸菌の二重コーティング技術という比較的に一般人に理解されやすい市場がすでに存在しているか，もしくは既存の市場や製品に不足していた隙間を狙って浸透していた。生成期にはOEMやODMにて徐々に事業展開をしていき，市場における存在感が大きくなってきた形成期に入っては自社ブランドにて特許登録や発売をBtoCに展開するなどチャンネルの多様化と国際化，大学との共同研究を通じてコア事業分野の競争力を高めた。

　成長期に入って，形成期で始めたニキビ治療薬のレベルを超え，大腸がん関連基盤技術特許の取得や抗がん剤の開発などの事業展開を勘案すると中核技術（コア技術）を確保した後に既存技術の延長線からの脱皮（Quantum Jump）が行われた。

　堀場製作所の生成期は，急速な工業化による大気汚染による規制の強化と朝鮮戦争によるインフレーションなどにより業界を取り巻く経営環境がドラスティックに変化しているなか，最先端の医療用測定器の技術を自動車ガス測定器に活用する革新的な経営戦略が講じられた。形成期に入り大気汚染問題やCO_2排出問題は一般に広まったものの依然として環境問題に対する社会的関心度は高かった。日米貿易摩擦やニクソンショックを経験し，アメリカの大気汚染防止法，マスキー法が施行されていくなか，自動車産業の中心であるアメリカ市場に自動車排気ガス測定装置を納入した。

第一成長期に入り自動車産業を取り巻く経営環境は安定していくが，環境測定器の需要は増していた。アジア各国の経済成長も同社にとっては成長の原動力になった。同社は事業や製品ラインを拡大し，高収益事業へ集中投資を行った時期もこの時期である。

　第二成長期に入ってからの堀場製作所は，自動車産業を取り巻くドラスティックな環境変化を目の当たりにする。IoTやAIが登場することにより自動車産業は機械産業ではなく電子産業やIT産業，ロボット産業と融合するようになった。自国の国益を最優先する各国間の貿易摩擦が深刻化していくなか，環境汚染に対する規制と世界の協調体制はますます重要視されてきた。技術的にはディーゼル車やガソリン車からハイブリッド車，電気自動車にシフトし，自動運転と安全性向上が自動車業界の共通の関心事となった。同社は4つのセグメントに分類し，多角化を推進しながらグローバル化を進め，各種アライアンスを通じてイノベーションを先導した。

　ツバキ・ナカシマの生成期は，敗戦後，自転車の国産化と自動車技術が欧米から輸入されていくなか，自転車用の部品やパチンコ用の部品から徐々に自動車部品へ会社全体の事業の方向性が転換していた。形成期に入ってからは自動車メーカー各社のエンジン技術競争が激しさを増していくなか，家庭用ビデオデッキの鋼球やボールねじを生産することで経営基盤を固めたツバキ・ナカシマ社は東芝や京セラなどと技術協力をする一方，海外企業を買収することによってグローバル化を進めた。当時は日米貿易摩擦や大気汚染法の強化など外部経営環境の変化が激しかったが，ツバキ・ナカシマはむしろこれを会社が大きな躍進を遂げるチャンスとしてとらえた。

　第一成長期に入って，産業全体がグローバル化していくなか，パソコンの普及と太陽光パネルの需要が拡大していた。電気自動車やハイブリッド車が登場したのもこの時期である。

　同社は数回にわたる海外や国内企業とのM&Aと海外現地法人の設立などを通じて自動車業界を含む取引先のニーズに多様な素材の開発にて対応し，多角化に成功した。

　第二成長期では電気自動車や水素自動車が登場するなど次世代の標準をめぐる企業間の競争が繰り広げられるなか，ツバキ・ナカシマ社はセラミック球の開発を含むボール素材の多様化を進めた。ベアリング業界が低価格市場と高価格市場に両分されるなか，同社はドイツや日本を中心とするハイエンドマーケットに傾注しながら海外工場へ日本の高いレベルの技術を移転し，本社の機能を細分化するなど組織革新を行った。

●技術のパスファインディング

　各産業の技術環境が激変しているなか，個別企業の戦略的選択もドラスティックに変化してきた。特にフェーズと産業は異なるものの，ほとんどの企業においてパスファインディングの傾向が見られた。マークエニー社の場合，事業の初期段階において世界的レベルのウォーターマーキング技術を保有していたにもかかわらず，当該事業の市場が形成されていくには一定の時間を要することを看破し，DRM技術を開発して十分な資金源を確保したうえで次の展開に備えたことが事業の安定化につながった。

　また，セルバイオテック社も政府の公募基盤研究課題に応募し，OEMやODM事業を展開することで乳酸菌原末の販売や自社ブランド開発，医薬品開発などの本来進出を狙った事業への参入時期や開発時期を調節することで十分な体力づくりをしてから本格的な事業展開を始めた。

　堀場製作所の医療用測定技術の自動車排ガス技術への転用も同じ脈絡で解釈することができる。高機能技術で推進したい事業は別にあるにも関わらず，加えてトップ経営陣の反対があったにも関わらず，当該事業へ漕ぎつけていなければ現在の堀場製作所は存在しなかったかもしれない。

　ツバキ・ナカシマ社の自転車用の部品開発やボールペン用ボール，パチンコボール開発なども自動車産業などの大きな市場が十分に形成される前段階において会社の運転資金を確保したことも，遠大な夢の実現も大事だが，会社のキャッシュフロー改善を図ることが如何に重要な問題なのかを示してくれる。

　上述したように国や産業，規模を問わず，各社における技術のパスファインディングは会社の成長発展において重要な役割を果たしたことが本書を通じて明らかになった。

● 急成長の背景にある各社のマネジメント

　後発業者の劣位性を克服するための戦略的代替案として日韓政府は重要な役割を果たしてきた。つまり個々の企業の能力だけでは克服できない資源（Resource）ギャップを両国政府が代わりに埋めることによって，特にスタートアップ時期における両国企業のマネジメントは活性化された。しかし，本書で取り上げた両国の産業を取り巻く急変する経営環境のなかで産業の起爆剤としての政府の支援を有効に活用し，成功を収めた企業のKFS（Key Factor for Success）には，以下の3点が存在する。すなわち，戦略的意図をもつ上層部の的確なドメインの提示，経営資源の動態的展開過程と経営組織の柔軟な適応（経営戦略と経営組織との適合），中核技術（コア技術）の確保および既存技術の延長線からの脱皮（Quantum Jump）が挙げられる。

　国の基幹産業は時代の変遷とともに変化する。戦後日本の高度成長期と1980年代以降の韓国の高度成長期を支えた国の基幹産業は自動車，造船，半導体産業であった。それらの産業は装置産業が多く大規模投資と迅速な意思決定が重要だった。本書で取り上げた2つの日本の企業は自動車産業とともに成長してきた。当然のことであるが，自動車産業全体の発展にお

いて日本政府の役割は無視できない存在であった。各種研究資金の分配，税金優遇政策，直接的および間接的金融支援，外国企業からの自国産業保護などに代表される積極的な支援策は産業発展の起爆剤として多大な役割を果していた。

国と時期は異なるものの，IT産業やバイオ産業に代表されるベンチャーブームが起こった1990年代後半の韓国政府のベンチャー企業育成に関する各種支援策や優遇措置は当該産業の発展に多大な影響を及ぼしたと思われる。

もちろん，両国政府のすべての産業支援策が民間企業の戦略的意図と一致したとは言い難い。産業発展において両国政府の直接的産業支援策が常にポジティブに働いていたとは言えない。しかし，後発企業が先進企業をキャッチアップするための過程において重要な役割を果たしたことは否定できない。

また，創業当初の新規事業への参入や戦略的転換期における戦略的意図をもつ上層部の的確なドメインの提示，中核技術（コア技術）の確保および既存技術の延長線からの脱皮（Quantum Jump）が事業成功のKFSとして挙げられる。

本書において取り上げた日韓の研究開発型企業はその規模を問わず，急成長の背景には，戦略的事業分野を選択し（ドメインの決定），経営資源を短期間に集中させ（経営資源の動態的展開過程），経営環境に迅速に反応すると同時にみずから積極的に経営環境に働きかけたマネジメントが存在する。

最後に，各社の経営戦略と経営組織の適合性に関して言及しなければならない。優れた経営戦略を策定して実行しようとしても，経営組織が経営戦略の方向性とうまく調和しなければ企業のマネジメントはうまく機能しない。各社の経営戦略や経営組織の形成を追っていくうちに発見したこと

は，経営組織を経営戦略が実行しやすいように柔軟に対応させていたことと，反対に経営戦略の展開が思い通りにいかなかった際に，経営組織を革新することで危機脱出の突破口を見つけようとしたことである。

2 制度論と資源ベース論の統合：本書の理論的・実践的含意

(1)　理論的含意

　本書の焦点は，経営環境と日韓研究開発型企業のマネジメントとの相互作用，またマネジメントの具体的な運用システム（経営戦略，経営組織）と成果との関係分析にあったが，このような分析を行うために経営学および経済学における多様な研究分野の成果をふまえた事例分析を展開した。本書の分析の結果は，経営戦略論および経営組織論，国際経営論の各分野に対して以下のような含意を持っている。

●制度論と資源ベース論（RBV: Resource Based View）
　制度論およびRBVに対して批判的視角を提示し，これまで両理論において見落とされていた視点を抽出することに成功した。つまり，本書で取り上げた複数の産業を環境決定論的な観点から分析しようとすると個別企業のイノベーティブな企業行動を見落とす結果となり，逆に個別企業のマネジメントのみに焦点を絞って分析を行おうとすると当該産業を取り巻く複雑な制度的要因を看過してしまう。特に制度論は様々な産業における複雑な制度的環境を説明することに適しているため，本書は複雑な経営環境を考慮しながら分析を行わなければならない国際経営論に新たな可能性を与えている。よって，本書では両理論を超克する統合的分析枠組みを提示

することによって，先行研究の限界を補完，新たな比較ケース分析の視角を提示した。

制度（Institution）という概念は様々な学問領域から広く研究されてきた。しかし，新制度学派に代表される経済学的なアプローチと経営組織論の人口生態学（Population Ecology）や組織同形化理論のなかに共通的に流れている思想は，組織（企業）が経営活動を行う際に経営環境というものは「与えられた（Given）」ものであり，企業活動の根底に環境決定論的（Environmental Determinism）要素が潜んでいる。

しかし，事例分析の結果からも明らかになったように，本書で取り上げた企業を取り巻く経営環境が企業マネジメントの制約条件として働き，企業のマネジメント全般が経営環境によって左右されるという環境決定論的な論理は当該企業の主体的な行為を見落している。

一方，Porterの産業構造分析的視角に対するアンチテーゼとして登場したRBVでは，企業内部の異質的で特有の資源および能力に注目し，各企業は自社が保有している資源によって有効な経営戦略を選択した方が効率的であると主張する。しかし，RBVでは，資源や能力の概念が曖昧であり，さらに資源と能力の概念を拡張しすぎた面もある。

さらに，最も一般的なRBVに対する批判として挙げられるのは，産業構造分析的視角に対する批判と同様にRBVが論理的矛盾をはらんでいるということである。つまり，強力な経営資源を持っている企業が競争に勝てるという論理は火力が強いところが戦争に勝てるということと同じく，トートロジーにはまってしまう。実際に強力な経営資源を保有していた企業が経営戦略や経営組織の実行にあたり，過ちを犯してしまい，失敗したケースは数多く存在する。

本書では，上述した先行研究の限界を踏まえ，統合的分析枠組みの構築を試みた。一見すると，企業を取り巻く外部要因に注目する制度論と企業

の内部的要因にフォーカスを当てるRBVは全く正反対の論理を展開しているように見えるが，それらの主張すべてにおいて対立している訳ではない。むしろ，それらの多くは相互補完関係にあるものと捉えることもできる。すなわち，制度論は国家の産業政策，業界構造など企業の外部的要因とマネジメントとの関係を説明するアイディアを提供してくれるし，RBVは企業独特の経営資源を経営戦略の展開と関連づけてくれるために企業の内部的成功要因を解明する有効な手段である。つまり，日韓の企業マネジメントを詳細かつ多面的に分析するためには両アプローチの長所を生かした統合的枠組みの提示が最も求められるのである。本書では日韓の企業が急激な経営環境の変化のなかで，各局面で具体的にいかなる経営戦略と経営組織のもとでマネジメントを行うべきかを明らかにすることによって先行研究に新たな提言を与えたと思われる。

(2)　実践的含意

　日韓の企業における経営組織の柔軟性が要求される。つまり，マネジメントにおける意思決定のスピードを早めることと，全メンバーにおける必要情報の適時共有が必要となる。特に創業当初はベンチャーや中小企業であった会社は組織整備の必要性を感じないまま会社の規模が大きくなっていく。会社の組織が大きくなっていくにつれ創業者の役割も変化していく。例えば研究者出身の創業者が組織のマネジメントに向いていない可能性がある。組織の進化によって組織構成員の役割分担の重要性が登場する。専門経営者の採用や専門家を招くことによって肥大化した組織のマネジメントの難しさを克服することが可能になる。

　今日のようなドラスティックな経営環境の変化に対応するためには意思決定の権限と責任を明確にする必要がある。重要な意思決定はオーナーを中心に専門経営者が一丸となってスピーディに行う必要がある。また，必

要な情報をオーナー以下，全メンバーが適時に共有しながら組織全体のコミュニケーションが円滑に行われることが重要である。

事業における安定的なマネジメント第一主義を警戒しなければいけない。とりわけ，当該産業におけるアグレッシブなマネジメントと経営陣のイノベーティブなドメイン提示とそれを実行する組織力が成功の鍵となる。

本書で取り上げた各社のマネジメントの変遷過程を考察すると，共通する項目は当該産業に本格的に参入した初期段階におけるリスクテイキング戦略が挙げられる。

「攻撃は最善の防御」という言葉があるように各社は無から有を創出した初志を貫いて積極的に進出した事業に臨んでいる。

一方，各社の経営陣は時代を先駆けて，明確なドメインを提示することで中心となる事業部内はもちろん，他事業部門との有機的な協調システムを築き上げることによって，みずから需要を創出する仕組みを策略していた。アップル社のJohn Scully前会長は次のように語っている。「未来を予測する最もいい方法はそれを創出することである。」各社は自分自身が属している産業の急激な変化に振り回されるのではなく，自ら産業の事業構造を変化させていく立場まで発展してきたのである。

日韓両国政府の役割を再考しなければならない。「ベンチャー産業や自動車産業成立の起爆剤」として政府の直接的支援の限界を明確に認識し，国家・企業レベルでの政府の役割を再構築しなければならない。具体的には金融支援，大型研究開発プロジェクト結成等の直接支援より基礎基盤研究支援，周辺産業支援等の間接支援策の方に力を注ぐべきである。

日韓両国ともに，国家基幹産業の初期段階において政府の多大な支援を受けながら成長してきたことに反論する人は数少ない。政府の直接的産業

支援策は様々な形で実行され，両国の産業の急速な成長を支えた。外国か
らの自国産業保護，金融支援，税金免除，共同開発プロジェクトの推進な
どその詳細の内容は，いちいち並べていられないくらい多い。しかし，政
府の各産業への積極的かつ直接的支援策がつねに成功する保証は何処にも
ない。旧共産主義の計画経済ではない限り，政府は企業に対して参加を誘
導することはできるものの，強要することはできない。このように政府主
導型プロジェクトの場合，参加する企業自身がメリットを感じない限り，
うまく機能しない可能性が高い。すなわち，産学官の連携で各分野に関す
る基礎研究分野に対する支援を高めることが重要であるという認識が広
まっている。

(3)　今後の課題

　本書では，日韓企業のマネジメントの詳細な分析を行うために先行研究
の業績と限界を踏まえて技術経営論，資源ベース論（RBV）と制度論の
各産業分析への活用可能性を考察したうえ，統合的分析枠組みを提示した。
　事例研究として日韓4社のケースを取り上げ，経営環境と企業マネジメ
ント，そして成果の3つの要素間の関係に着目し，詳細な事例分析を行っ
た。最後に，今後の課題として，以下のようなことが挙げられる。
　第一に，本書では，日韓のベンチャー産業，自動車産業関連業界をリー
ドしてきた4社を事例として扱っているが，競合他社のドラスティックな
事業展開を今後は広く視野に入れながら研究を進めるべきである。
　第二に，本書の分析枠組みを発展させて分析の対象，範囲をより多様化，
細分化する必要がある。おそらく，本書で構築された分析枠組みは本書で
取り上げた業界以外においても一般的に活用できる可能性が高い。今後は
さらなる日韓の中堅・中小企業，ベンチャー企業を対象に本書で構築した
分析枠組みをもとに具体的な事例分析を通じて分析対象を拡大していく必

要がある。

　第三に，本書では分析枠組みを構成する３つの要素，すなわち，経営環境，企業マネジメント，成果の関係に注目し，日韓企業のマネジメントを考察した。その結果，経営環境と企業マネジメントの間には適合関係が存在することや企業マネジメントの諸要素間の関係を解明することには成功しているが，成果の経営環境へのフィードバックに関しては必ずしも明確にできなかった。成果が経営環境にどのように影響を及ぼすかに関しては，分析期間の拡張や分析手法の改善が求められる。今後は上述した研究課題に取り組んでいきたいと思っている。

参考文献

＜第1章＞

Abernathy, W. J. and Utterback, J. M.（1978）Patterns of industrial innovation. Technology Review, 80（7）, pp. 40-47.

Barnard, C. I.（1938）The functions of the executive. Harvard University Press.

Barney, J. B.（1991）Firm Resources and Sustained Competitive Advantage. Journal of Management, 17, pp. 99-120.

Barney, J. B.（1992）Integrating Organizational Behavior and Strategy Formulation Research: A Resource Based Analysis. Advances in Strategic Management, vol. 8, no. 1, pp. 39-61.

Barney, J. B.（1997）. Gaining and sustaining competitive advantage. Addison-Wesley（権求赫他訳（2000, 韓国語版）『戦略経営と競争優位』Σpress）

Bogner, W. C. and Thomas, H.（1994）Core Competence and Competitive Advantage A Model and Illustrated Evidence from Pharmaceutical Industry. In Hamel, G. and Heene, A. ed., Competence based Competition, John Wiley & Sons, pp. 111-114.

Carroll G. R.（1988）Ecological Models of Organizations. Cambridge, Mass.: Ballinger. Publishing Company

Chandler, A. D., Jr.（1977）The Visible Hand: The Managerial Revolution in American Business. Cambridge, Mass.: Harvard University Press.

Chatterjee, S. and Wernerfelt, B.（1991）The Link between Resource and Type of Diversification: Theory and Evidence. Strategic Management Journal, 12, pp. 33-48.

Christensen, C. M.（1997）The Innovator's Dilemma: When New Technologies Cause Great Firms to Fail. Harvard Business School Press（玉田俊平太監修・伊豆原弓訳（2000）『イノベーションのジレンマ』SE社, pp. 5-20）

Collis, D. J.（1991）A Resource-based Analysis of Global Competition: The Case of the Bearings Industry. Strategic Management Journal, 12（Special Issue）, pp. 49-68.

Collis, D. J., and Montgomery, C. A.（1995）Competing on Resources: Strategy in the 1990s. Harvard Business Review, 73.4, pp. 118-128.

Dierickx, I. and Cool, K.（1989）Asset Stock Accumulation and Sustainability of Competitive Advantage. Management Science, 35, pp. 1504-1511.

DiMaggio, P. J., and Powell, W. W.（1983）The iron cage revisited: Institutional isomorphism and collective rationality in organizational fields. American Sociological Review, 48（2）, pp. 147-160.

Eggertsson, T. (1990) Economic Behavior and Institutions. Cambridge University Press.

Feeney, S. (1997) Shifting the Prism: Case Explications of Institutional Analysis in Nonprofit Organizations. Nonprofit and Voluntary Sector Quarterly, 26 (4) : pp. 489-508.

Fleisher, S. H. and Babette E. B. (2007) Business and Competitive Analysis: Effective App. ication of New and Classic Methods, FT Press.

Grant, R.M. (1991) The Resource-Based Theory of Competitive Advantage. California Management Review, 33, pp. 114-135.

Hannan, M.T. and Freeman, J. (1977) The Population Ecology of Organizations. American Journal of Sociology, 82, pp. 929-964.

Hannan, M.T. and Freeman, J. (1984) Structural Inertia and Organizational Change. American Sociological Review, 49, pp. 149-164.

Hansen, G. and Wernerfelt, B. (1989) Determinants of firm performance the relative impact of economic and organizational factors. Strategic Management Journal, 10 (3), pp. 399-411.

Hodgson, M. H. (1988) Economics and Institutions: A Manifesto for a Modern Institutional Economics. Philadelphia: University of Pennsylvania Press. p. 230, pp. 294-296.

Khanna, T. and Palepu, K. (1997). Why Focused Strategies May Be Wrong for Emerging Markets. Harvard Business Review, 75, pp. 41-51.

Lewin, A. Y. and Volberda, H. W. (1999) Prolegomena on coevolution: A framework for research on strategy and new organizational forms. Organization Science, 10, pp. 519-534.

Lippman, S.A. and Rumelt, R.P. (1982) Uncertain Imitability: An Analysis of Interfirm Differences in Efficiency Under Competition. Bell Journal of Economics, 13, pp. 418-438

Milgrom, P. and Roberts, J. (1992) Economics, Organization and Management. Prentice Hall. (奥野正寛他訳 (1997)『組織の経済学』NTT出版).

Mintzberg, H., Ahlstrand, B. and Lampel, J. (1998) Strategy Safari - A Guided Tour through the Wilds of Strategic Management. Free Press, New York. (齋藤嘉則他訳 (1999)『戦略サファリ』東洋経済新報社) p. 306.

March, J. G. and Johan P. O. (1989) Rediscovering Institutions: The Organizational Basis of Politics, Free Press, New York (遠田雄志訳 (1994)『やわらかな制度』日刊工業新聞社).

Nelson, R. R., and Winter, S. G. (1982) An Evolutionary Theory of Economic Change. Cambridge MA and London: Belknap Press of Harvard University

Press.

North, D.（1990）Institutions, Institutional Change and Economic Performance, Cambridge: Cambridge University Press.（竹下公視訳（1999）『制度，制度変化，経済成果』晃洋書房）pp. 4-5.

Penrose, E.（1959）The Theory of the Growth of the Firm（3rd ed.）, Oxford, England, Oxford University Press.

Peteraf, M. A.（1993）The cornerstones of competitive advantage: A resource-based view. Strategic Management Journal, 14（3）, pp. 179-191.

Pfeffer, J. and Salancik, G.（1978）The External Control of Organizations: A Resource Dependence Perspective. Harper & Row, New York.

Prahalad, C.K. and Hamel, G.（1990）The Core Competence of the Corporation. Harvard Business Review, pp. 79-91.

Reed, R. and DeFillippi, R. J.（1990）. Causal Ambiguity, Barriers to Imitation, and Sustainable Competitive Advantage, Academy of Management Review, 15（1）, pp. 88-102.

Rumelt, R. P.（1974）Strategy, structure, and economic performance. Boston, MA: Harvard Business School Press.

Schwenk, C.R.（1988）The Essence of Strategic Decision Making. Lexington, MA: D.C. Heath and Co.

Scott, W.R.（1995）Institutions and Organizations. SAGE Publications, Thousand Oaks. pp. 97-98.

Teece, D.J., Pisano, G. and Shuen, A.（1991）Dynamic Capabilities and Strategic Management. CCC Working Paper, Berkeley, University of California.

Teece, D.J., Pisano, G. and Shuen, A.（1997）Dynamic Capabilities and Strategic Management. Strategic Management Journal, 18, pp. 509-533.

Thomas, H., Sanchez, R., and Heene, A.（1996）Towards the Theory and Practice of Competence Based Competition. Dynamics of Competence Based Competition: Theory and Practice in the New Strategic Management. pp. 1-35.

Tushman, M.L., and O'Reilly III, C.A.（1997）Winning Through Innovation: A Practical Guide to Leading Organizational Change and Renewal, Boston, MA: Harvard Business School Press.

Wernerfelt, B.（1984）A Resource-based View of the Firm. Strategic Management Journal, 5, no. 2, pp. 171-180.

Williamson, O. E.（1975）. Markets and hierarchies: Analysis and antitrust implications. New York, NY: Free Press.（浅沼万里他訳（1980）『市場と企業組織』日本評論社）.

Zucker, L. G.（1988）. Institutional patterns and organizations: Culture and environment. Boston, MA: Ballinger Press.

青木昌彦・奥野正寛（1998）『経済システムの比較制度分析』東京大学出版会.

青山修二（1999）『ハイテク・ネットワーク分業：台湾半導体産業はなぜ強いか』白桃書房.

荒井一博他（1989）『現代経済の制度と組織』有斐閣.

伊丹敬之（1984）『新・経営戦略の理論』日本経済新聞社

伊丹敬之（1996）『日本のコンピュータ産業　なぜ伸び悩んでいるのか』NTT出版.

伊藤友章（2001）「市場ポジショニングと資源優位との関係の再検討」『北海学園大学経済論集』第48巻第3・4号（2001年3月）pp. 169-187.

今井賢一・伊丹敬之・小池和男（1982）『内部組織の経済学』東洋経済新報社.

梅棹忠夫・ほか（1996）『日本語大辞典』講談社, p. 1182.

金子勝（1997）『市場と制度の政治経済学』東京大学出版会.

軽部大（1997）「日米半導体産業における制度と企業戦略」『組織科学』Vol.31, No.1, pp. 85-98.

城戸康彰（1996）『経営組織の基礎』産能大学出版.

金泰旭（2000）「韓国半導体企業の経営比較：三星電子，LG半導体の比較ケース分析」北海道大学修士論文.

金昶燮（2000）「我が国半導体産業の成長戦略研究：戦略的提携を中心に」西江大学校修士論文.

後藤晃（2000）『イノベーションと日本経済』岩波新書.

小林喜一郎（1999）『経営戦略の理論と応用』白桃書房.

桑田耕太郎・田尾雅夫（1999）『組織論』有斐閣.

佐藤耕紀（1998）「持続的競争優位と環境・戦略・資源・組織」北海道大学博士論文.

榊原清則（1995）『イノベーションと市場構造』有斐閣.

新宅純二朗（1994）『日本企業の競争戦略』有斐閣, pp. 2-32, pp. 5-13修正抜粋, pp. 206-212, pp. 219-233

寺本義也・中西晶・土谷茂久・竹田昌弘・秋沢光（1993）『学習する組織：近未来型組織戦略』同文舘出版, pp. 3-12.

張セジン（1997）『グローバル競争時代の経営戦略』博英社

趙東成（1997）『戦略経営』IBS Consulting Group.

宮沢健一（1998）『制度と情報の経済学』有斐閣.

山倉健嗣（1993）『組織間関係：企業間ネットワークの変革に向けて』有斐閣.

＜第2章＞

Burgelman, R. A. and Maidique, M. A. (1987) Strategic Management of Technology and Innovation, New York: Oxford University Press.（小野寺薫 他訳（1994）『ハーバードで教えるR&D戦略–技術と革新の戦略的マネジメント』日本生産性

本部）p. 460.

Galbraith, J. R. and Nathanson, D.（1978）Strategy implementation. The role of structure and process. St Paul, MN: West Publishing Co.（岸田民樹（1998）『経営戦略と組織デザイン』白桃書房）p. 14

North, D.（1990）Institutions, Institutional Change and Economic Performance, Cambridge: Cambridge University Press.（竹下公視訳（1999）『制度，制度変化，経済成果』晃洋書房）pp. 4-5.

Scott, W.R.（1995）Institutions and Organizations. SAGE Publications, Thousand Oaks. pp. 97-98.

Smelser, N. J.（1988）Handbook of Sociology, Beverly Hills, Sage Publications.

Stone, E. F.（1978）Research methods in organizational behavior. Oakland, CA: Scott, Foresman and Co.

Yin, R. K.（1994）Case Study Research Design and Methods: Applied Social Research and Methods Series. Second edn. Thousand Oaks, CA: Sage Publications Inc.　p. 108.

今井賢一・ほか（1984）『21世紀をめざす研究開発型企業-ハイテク企業の未来戦略』東洋経済新報社.

大滝精一・金井一頼・山田英夫・岩田智（1997）『経営戦略』有斐閣

河崎亜洲夫（2001）「日本の研究開発型企業」『四日市大学論集』第14巻第1号，pp. 1-2.

城戸康彰（1996）『経営組織の基礎』産能大学出版 p. 11.

桑田耕太郎・田尾雅夫（1999）『組織論』有斐閣.

<第3章>

Markany社

Drucker, P. F.（2002）Managing in the Next Socity, Harper Business,（上田惇生訳（2002）『ネクスト・ソサエティ』ダイヤモンド社

金井一頼（2010）『大学発ベンチャーの日韓比較』中央経済社

韓国コンテンツ振興院（2018）『2018年上半期コンテンツ産業動向分析報告書』KOCCA

金泰旭（2008）「韓国におけるアカデミックスタートアップスの形成と発展：MarkAnyの事例研究」研究技術計画23（2），pp. 101-109

金泰旭（2012）「ハイテックスタートアップス（HS）支援の現状と課題：韓国のHS関連支援政策と若干の事例紹介」経濟學研究61(4)，pp. 289-322

月刊朝鮮 2005年2月号，朝鮮日報

Journal of ICT Leaders，2017秋号，2017年9月，pp. 70-75

韓国電子公示システム（http:/http://dart.fss.or.kr/ 2020年1月12日最終アクセス）

Gartner（https://www.gartner.com/en/newsroom/press-releases/2020-01-15-gart-ner-says-global-it-spending-to-reach-3point9-trillion-in-2020，2020年3月15日アクセス）

MARKANYホームページ（http:// http://www.markany.com/ 2020年4月27日最終アクセス）

V-ON ベンチャーの歴史シリーズ（http://https://www.v-on.kr/，2020年3月27日アクセス）

Cell Biotech社

韓国産業資源部（2000）「生物産業発展基盤助成のための5ヵ年計画樹立研究」政策研究2000巻4号，pp. 1-382

金ソクカン（2013）「韓国バイオベンチャー20年：歴史，現況，発展課題」政策研究2013巻29号，pp. 1-368

Cell Biotechホームページ（http://www.cellbiotech.com/ 2020年3月19日最終アクセス）

Cell Biotech IRレポート（http://www.cellbiotech.com/ir/ir_presentation 2020年3月19日最終アクセス）

ツバキ・ナカシマ

井澤實（1999）「ボールねじの技術的変遷 高速化，高精度化，高剛性化，多機能化を目指して」『精密工学会誌』第65巻1号，pp. 47-53.

ツバキ・ナカシマ IRレポート（http://www.tsubaki-nakashima.com/jp/ir/index.html 2020年4月30日最終アクセス）

椿本精工50年史編集委員会編（1989）『椿本精工50年のあゆみ』椿本精工

JBIA（2011）「ボール精度の変遷」（https://www.jbia.or.jp/about/list.html 2019年11月12日最終アクセス）

堀場製作所

産労総合研究所（2019）『企業と人材 2019年1号』産労総合研究所

原清明（2003）「エステックの製品・技術の流れ」『Readout』第26巻，pp. 42-47.

堀場厚（2014）『難しい。だから挑戦しよう「おもしろおかしく」を世界へ』PHP研究所

定藤繁樹他（2008）「ケース『現代企業家の戦略的役割』の製作～株式会社堀場製作所企業文化「おもしろおかしく「おもしろおかしく」」関西学院大学専門職大学院経営戦略研究科ビジネス価値創造研究センター（http://www.kwansei-ac.jp/iba/entre/library/vol8.html 2020年2月18日最終アクセス）

定藤繁樹他（2008）「ケース『現代企業家の戦略的役割』の製作～株式会社堀場製作所堀場雅夫氏ライフヒストリー」経営戦略研究科（http://www.kwansei-ac.jp/iba/entre/library/vol8.html 2020年2月18日最終アクセス）

定藤繁樹他（2008）「ケース『現代企業家の戦略的役割』の製作～株式会社堀場製作

所堀場製作所の製品開発とパートナーシップ」経営戦略研究科（http://www.
　　kwansei-ac.jp/iba/entre/library/vol8.html　2020年2月18日最終アクセス）
堀場製作所ホームページ（https://www.horiba.com/jp/about-horiba/history/　2020
　　年3月17日最終アクセス）
堀場製作所　IRレポート（https://www.horiba.com/jp/investor-relations/　2020年
　　4月5日最終アクセス）
ベンチャー通信　ONLINE　「おもしろいことをやれば成功する」（https://v-tsushin.
　　jp/interview/horiba_38/　2020年2月15日最終アクセス）
DIAMOND　ONLINE　2018.12.21　「おもしろおかしく，ほんまもんを追求す
　　る」（https://diamond.jp/quarterly/articles/amp/136?display=b　2020年1月15
　　日最終アクセス）
Forbes「堀場雅夫の死後，初めて息子の堀場厚が語る」（https://forbesjapan.com/ar-
　　ticles/detail/11039/1/1/1　2020年3月20日最終アクセス）

索　引

●英数

5Forcesモデル・・・・・・・・・・・・・・36
AI・・・・・・・・・・77, 80, 81, 192, 196, 200
AI技術・・・・・・・・・・・・・・・・・・79
BtoB・・・・・・・・・・・・・50, 101, 189
BtoC・・・・・・・・・・・・・50, 189, 200
CCTVアルゴリズム・・・・・・・・・・・78
DRM（技術）・・・・・54, 60, 65, 72, 74, 79,
　　　　178, 182, 183, 186, 196, 199, 202
DUOLAC・・・・101, 104, 185, 189, 191, 196
ICT・・・・・・・・・・・・・98, 100, 137
IMF（危機）・・・・・・59, 66, 88, 90, 92, 178
IoT・・・・・・・・・・・・・・・・・137
JIS・・・・・・・・・・・・・119, 121, 181
JISC・・・・・・・・・・・・・・・・・119
KFS・・・・・・・・・・・・・・203, 204
KONEX・・・・・・・・・・・・・・76, 192
KOSDAQ・・・・・58, 66, 75, 92, 178, 192
M&A・・・・・・50, 69, 128, 148, 194, 202
MDM・・・・・・・・・・・・・・・・・79
MEXA・・・・・・・・・・・152, 158, 161
ODM
　・・・85, 101, 104, 180, 186, 191, 200, 202
OEM・・・・・・・・・・・・・85, 91, 95,
　　　　96, 101, 104, 180, 186, 191, 200, 202
PEST分析・・・・・・・・・・・・・・・9
pH測定器・・・・・・・・・・・・・・・182
pHメーター・・・・・・・150, 151, 153, 158
RBV・・・・・・・2, 8, 9, 14, 15, 30, 36, 205, 206
SDGs・・・・・・・・・・・・・・・・・82
SWOT・・・・・・・・・・・・・・・・・9
TPP・・・・・・・・・・・・・・139, 195
TQC・・・・・・・・・・・・・・・・・129
WM技術・・・・・・・54, 59, 65, 72, 74, 79, 199
WM市場・・・・・・・・・・・・・・・・68

●あ行

アウトソーシング・・・・・・・・・・・134
意思決定・・・・・・・・・・・・・158, 207
遺伝・・・・・・・・・・・・・・・・・88
遺伝子・・・・・・・・・・・・・・82, 101
イノベーション
　・・・・・・・・・・15, 16, 17, 198, 199, 201
インセンティブ・・・・・・・・・・・・16
ウォーターマーキング（技術）
　・・・59, 62, 178, 182, 183, 186, 196, 202

●か行

海外進出・・・・・・70, 165, 168, 185, 187, 189
海外展開・・・・・・・・・・・・・・・161
外部環境・・・・・・・・・・・・・・8, 73
価格競争力・・・・・・・・・・・・・・90
学習曲線・・・・・・・・・・・・・・・17
革新性・・・・・・・・・・・・・・・・49
学生ベンチャー・・・・・・・・・146, 148
仮想化・・・・・・・・・・・・・・・・73
合併・・・・・・・・・・・・・128, 130, 134
為替レート・・・・・・・・・・・・・・39
環境決定論・・・・・・・・6, 8, 30, 38, 206
関係依存型政府・・・・・・・・・・26, 27
完全代替の不可能性・・・・・・・・12, 14
完全模倣の不可能性・・・・・・・・12, 13
管理的遺産・・・・・・・・・・・・・・12
企業活動（力）・・・・・・・・・・11, 37
企業環境・・・・・・・・・・・・・・・199

企業資産力……………………………11
企業者精神……………………………49
企業（の）マネジメント
　　　　　………………38, 39, 207, 209
技術開発…………………………67, 94
技術革新……………………………123
技術機会……………………………17
技術経営論……………………………3
技術提携……………………………126
技術のパスファインディング………181
稀少性…………………………12, 13
機能別管理組織……………………195
機能別組織…………………163, 189
急進的イノベーション………19, 21, 22
球面加工技術………………………114
競合他社……………………………22
競争優位………………14, 20, 30, 198
競争優位性…………10, 11, 42, 153
グローバル環境………………………69
黒字経営……………………………65
経営活動……………………………80
経営環境………………37, 71, 117, 120,
　　131, 133, 142, 145, 156, 158, 170, 175,
　　194, 198, 201, 201, 204, 205, 207, 210
経営資源………………8, 10, 15, 20, 39,
　　40, 63, 151, 154, 162, 181, 203, 204
経営戦略……………………………206
経営組織……………………………203
経験曲線……………………………20
経済モデル……………………………12
ケイパビリティ………………………11
ケース・スタディ……………………47
権威主義型政府………………26, 27
研究開発
　　……16, 75, 88, 97, 142, 154, 158, 180
研究開発型（企業）………2, 36, 49, 90
研究開発組織………………………63

研究環境……………………………89
健康機能食品………94, 185, 187, 194, 196
健康食品………………85, 96, 101
健康食品市場………………………100
現地化…………………………65, 104
コア技術……40, 57, 68, 74, 80, 95, 96, 102,
　　104, 110, 127, 135, 162, 200, 203, 204
コア・コンピタンス………………2, 72
コア事業……………………………175
コア資源…………………………68, 178
鋼球………………120, 121, 129, 133, 201
高度経済成長………123, 145, 158, 181, 185
高度成長期……………………113, 203
効率化…………………122, 127, 129
効率性…………………12, 133, 141, 142
国際経済……………………………39
コスト競争力………………………140
コスト・リーダーシップ戦略…………22
コミュニケーション
　　……………41, 80, 128, 141, 142, 208

●さ行

サプライチェーン……………………131
差別化戦略……………………………22
産学官連携……………………………142
産業構造……………………………152
産業組織論的戦略論……………………8
産業の空洞化…………………131, 190
事業拡大…………………………123, 196
事業競争力……………………………72
事業部制組織…………………………191
事業部別管理体制……………………195
事業ポートフォリオ…………………126
資金調達………62, 63, 75, 126, 129, 196
軸受………………………113, 119, 122
資源………………………9, 12, 36
資源異質性……………………………14

資源の非移動性······················14
資源ベース論（Resource Based View）
　　　　　　　　　　　　　　　···········198, 209
市場開拓···························65
市場支配力·························16
持続的技術·························23
自動化·····························140
シナジー効果·······················83
社内ベンチャー·····················49
収益性·····························72
柔軟性·····························64
需要·······························17
情報資源···························39
新規参入企業·······················22
真球度·····························133
新市場開拓·························192
人的資源·························10, 39
生産性·························141, 142
生産性のジレンマ···············18, 19
生産設備の自動化···················140
成熟化·····················18, 19, 21
制度···················5, 7, 26, 29, 31
制度的要因·························38
制度論···················2, 205, 209
製品化·························91, 160
製品コンセプト·····················18
製品のライフサイクル···········15, 24
製品ライフサイクル理論···············3
セラミック球······135, 140, 142, 190, 202
戦時体制···························119
戦時統制···············119, 120, 182
漸進的イノベーション···········19, 21
先発業者の優位性···············4, 23
専門経営者·····················68, 183
専有可能性·························17
戦略的意思·························39
戦略的資源·························31

戦略的提携·························104
創造経済···························75
組織·····························6, 36
組織形態···························41
組織資源···························10
組織的モデル·······················12
組織の安定化·······················136
組織能力···························12
組織文化···························41

●た行

大学発ベンチャー···········56, 61, 62
多角化···············16, 29, 85, 91, 102,
　　　　　108, 110, 187, 189, 191, 199, 201, 202
脱成熟·························19, 21
地産地消···························140
地産地消モデル·····················191
中核技術···············50, 200, 203, 204
中核資源···························15
中核能力·························8, 12
定性的分析·····················46, 47
デジタルウォーターマーキング技術···56
デジタル著作権管理·················54
特許···············95, 111, 185, 200
特許出願···························91
ドミナント・デザイン·········18, 19, 21
ドメイン···············189, 203, 204, 208
ドメインの定義·····················40
取引チャンネル·····················128

●な行

内部経営環境························9
内部資源···························12
二重コーティング技術····91, 95, 180, 200
乳酸·····························182
乳酸菌·························83, 89,
　　　　90, 91, 96, 97, 108, 187, 191, 200, 202

能力‥‥‥‥‥‥‥‥‥‥‥‥‥‥‥‥‥‥‥9

●は行

バイオ産業‥‥‥‥‥‥‥82, 86, 88, 94
バイオテクノロジー‥‥‥‥‥‥‥‥82
バイオベンチャー‥‥‥‥95, 100, 103, 107
排ガス技術‥‥‥‥‥‥‥‥‥‥‥‥202
排ガス測定機器‥‥‥‥‥‥‥‥‥‥181
排ガス測定装置‥‥‥‥‥146, 158, 186
排気ガス測定装置‥‥‥‥‥‥186, 200
培養技術‥‥‥‥‥‥‥‥‥‥‥‥‥89
破壊的技術‥‥‥‥‥‥‥‥‥‥23, 24
パスファインディング
‥‥‥‥‥‥61, 180, 189, 202, 203
範囲の経済性‥‥‥‥‥‥‥‥‥‥‥16
販売チャンネル
‥‥‥‥‥‥101, 102, 110, 134, 185, 192
比較優位性‥‥‥‥‥‥‥‥‥‥‥‥120
微生物‥‥‥‥‥‥‥‥82, 84, 97, 107
ビッグデータ‥‥‥‥‥‥‥‥192, 200
ビッグデータ技術‥‥‥‥‥‥‥‥‥79
ファンド‥‥‥‥‥‥‥‥‥‥62, 67
付加価値‥‥‥‥‥‥‥‥‥‥‥‥‥82
物的資源‥‥‥‥‥‥‥‥‥‥‥‥‥39
ブロックチェーン‥‥‥‥‥81, 196, 200
ブロックチェーン技術‥‥‥77, 79, 80, 192
プロバイオティクス
‥‥‥83, 85, 95, 100, 101, 107, 110, 194
ベアリング
‥‥‥‥‥112, 121, 182, 186, 190, 195, 202
ベンチャー企業‥‥‥‥‥‥‥‥49, 62, 63,
66, 69, 75, 95, 98, 178, 187, 192, 209

ベンチャーキャピタル‥‥‥25, 28, 66, 183
ベンチャーブーム‥‥‥‥‥‥69, 98, 187
貿易摩擦‥‥‥‥‥‥39, 125, 139, 191, 201
ボールねじ
‥‥‥‥‥121, 125, 126, 129, 130, 186, 201
ポジショニング戦略‥‥‥‥‥‥‥‥9
母胎ファンド‥‥‥‥‥‥‥‥‥67, 183

●ま行

マイクロバイオーム‥‥‥‥107, 110, 194
マクロ環境‥‥‥‥‥‥‥‥‥‥‥‥9
マトリックス組織‥‥‥‥‥172, 195, 196
三重コーティング技術‥‥‥‥‥‥‥96
無形資源‥‥‥‥‥‥‥‥‥‥‥‥‥12
モチベーション‥‥‥‥‥‥122, 142, 163
ものづくり‥‥‥‥‥‥‥‥‥‥‥163

●や行

有形資源‥‥‥‥‥‥‥‥‥‥‥‥‥12
友好的買収‥‥‥‥‥‥‥‥‥‥‥170
有用性‥‥‥‥‥‥‥‥‥‥‥‥‥‥12

●ら行

リーダーシップ‥‥‥‥‥‥‥‥‥‥41
リーマン・ショック‥‥‥‥‥‥69, 98,
114, 131, 137, 167, 170, 187, 190, 194
流通チャンネル‥‥‥‥‥‥‥‥‥111
ルール依存型政府‥‥‥‥‥‥‥‥‥27

●わ行

ワンストップソリューション
（システム）‥‥‥‥‥‥‥‥108, 194

■執筆者紹介

金　泰旭（キム・テウク）
近畿大学経営学部教授。博士（経営学／北海道大学）。
韓国ソウル出身。韓国ソウル延世（Yonsei）大学卒業。北海道大学大学院経済学研究
科修了（経営学修士・博士）。専攻は国際経営論，経営戦略論，ベンチャー企業論。
主な著書
『地域ファミリー企業におけるビジネスシステムの形成と発展』(共編著・白桃書房)
『地域企業のリノベーション戦略―老舗ファミリー企業におけるビジネスモデルの進
　化―』（共編著・博英社）
『社会企業家を中心とした観光・地域ブランディング―地域イノベーションの創出に
　向けて』（共編著・博英社）
『大学発ベンチャーの日韓比較』（共著・中央経済社）
『グローバル環境における地域企業の経営―ビジネスモデルの形成と発展』（共編著・
　文真堂）
論文
「韓国ベンチャー企業の特性と成長」共著，龍谷大学経営学論集第53巻第1号，pp1-15
「ハイテックスタートアップス（HS）支援の現状と課題―韓国のHS支援政策と若干の
　事例紹介―」，北海道大学経済学研究第61巻第4号，pp97-130
「市民企業家による資金獲得のプロセス分析―アートプロジェクトにおける企業家活
　動」，ベンチャーズレビュー Vol.17, p.43-52
等

研究開発中心型強小企業のイノベーションプロセス
——日韓4社の比較事例分析

2020年12月15日　第1版第1刷発行

著　者　金　　　　泰　　旭
発行者　山　本　　　継
発行所　㈱中央経済社
発売元　㈱中央経済グループ
　　　　　パブリッシング
〒101-0051　東京都千代田区神田神保町1-31-2
電　話　03（3293）3371（編集代表）
　　　　03（3293）3381（営業代表）
http://www.chuokeizai.co.jp/
印刷／㈱堀内印刷所
製本／誠　製　本　㈱

© 2020
Printed in Japan